ANA FLOR RAUCCI

Ni bruta ni cabrona...
Sea infiel y disfrútelo

1.ª edición: abril 2007
1.ª reimpresión: julio 2007

© 2007, Ana Flor Raucci
© Ediciones B, S.A. de C.V. 2007
    Bradley 52, Colonia Anzures. 11590, México, D.F.
    www.edicionesb.com
    www.edicionesb.com.mx

ISBN: 978-970-710-248-4

Impreso por Quebecor World.

AUCCI

Ni bruta ni cabrona...
Sea infiel y disfrútelo

EDICIONES B
GRUPO ZETA

Barcelona • Bogotá • Buenos Aires • Caracas • Madrid • México, D.F.
Montevideo • Quito • Santiago de Chile

Yo, Reina de los Cuernos,
dedico este libro a todas las mujeres que
han sido homenajeadas, también, con sus
propias coronas de cuernos las cuales han
soportado dignamente y en silencio…
También a todas aquellas que decidirán
valientemente quitárselas y colocárselas en
las «cabezas» de sus príncipes.

Gracias a todas ellas por
convertirse en mis Musas.

Índice

Índice

Limpiando el Disco Duro

Cada día que pasa me pregunto hasta qué punto hemos sido engañadas las mujeres por los siglos de los siglos… ¿Será verdad que nos castigaron a todas por la flojera de Eva de no querer cocinarle un par de huevos fritos a Adán? Y él, que lucía como un hombre tranquilo y comprensivo, se conformó con comerse una manzana para la cena, ya que se cuidaba y no quería verse barrigón. Estoy segura que «Adán era perfecto», a imagen y semejanza de su creador, pero a Dios (que es hombre, no como otras que dicen que es mujer) no le hizo ninguna gracia tener competencia y se puso furioso con Adán por no imponerse ante Eva y se lo llevó al único botiquín llamado *Bar Paraíso* lo envolvió y le hizo tomar una serie de poderosos químicos machistas que aún después de tantos siglos no se diluyen. Ya cuando regresó Adán a la cueva, borracho y drogado con semejante intoxicación (acuérdense que sólo se había comido una manzana), encontró a Eva toda preocupada en la más oscura soledad, angustiada y mortificada, sin televisor, sin Internet, sin vibrador y comiéndose las uñas del aburrimiento, fue allí donde se formó la primera «tormenta huracanada», y por intervención «divina» (seguro que Dios estaba feliz viendo cómo reaccionaban todos los sentimientos que les había creado a estos dos seres, y aún sin experimentar cómo funcionaban entrelazados en un buen funcionamiento sus dos conejillos de indias) aquella pelea traumatizó al pobre de Adán por todo lo que Eva le dijo, cambiándole la personalidad dulce y dócil.

La tormenta fue tan fuerte que Adán se convirtió en un hombre inseguro de por vida, creándole una incertidumbre hacia los sentimientos de su bella y deliciosa mujer, que por momentos cambiaba su linda cara y se transformaba en una fea bruja, dejándolo totalmente espantado, lo cierto fue que cuando al pobre Adán se le pasó la borrachera estaba todo desorientado, adolorido y confundido, que le dio miedo enfrentarse a Dios de nuevo y no saber tomar las decisiones correctas.

Poco a poco fue convirtiéndose en un ser egoísta e inseguro, comenzó a vivir a la defensiva y a discutir con «la bella y dulce Eva» que no entendía el cambio de actitud de su hombre…

Por eso es que no hay que inmiscuirse entre las parejas para meter cizaña … Siempre se ha dicho que tres son multitud.

Otra pregunta que me cuestiono siempre sobre el tema de Adán y Eva es: ¿De dónde salieron las otras mujeres…? ¿Si ellos solo tuvieron hijos varones?

¿Cuál fue la parte de la historia que no nos contaron?

¿En verdad la Vírgen María concibió por obra y gracia del Espíritu Santo…? Si eso es verdad entonces yo tendré que empezar a cuidarme, ya que me la paso teniendo sexo tántrico con el hombre invisible. ¿Se imaginan la cara de la pobre Virgen María viéndose preñada sin comerse el postre, cual experimento de probeta? El escándalo que le habrán formado sus padres, se habrá oído en todo el pueblo preguntándole quién era el padre y ella diciendo: «¡No sé… Yo soy virgen!», la lengua de los vecinos adivinando de quién era esa barriga; ya me imagino a algunas diciendo: «Yo estoy segurísima que es del carpintero». Pobrecita, ¿se la imaginan preguntándose si se quedó dormida en el mejor momento de su vida? Es que estoy convencida que a las mujeres desde el principio de los siglos nos han engañado y utilizado, ella totalmente usada solo para concebir y no disfrutar… Y me sigo preguntando: ¿Será que estamos de nuevo como María, preñándonos sin la intervención divina de la revolcada con un hombre?

«Por obra y gracia de la Santa Ciencia.»

¿Quién inventó todas estas historias que jamás hemos razonado y que marcaron los destinos de la mujer?

¿Y de dónde salió la famosita María Magdalena? ¿De quién era vecina? ¿Era secretaria? ¿Era la hermana o la cuñada de quién? ¿Era la esposa de alguien? ¿Cuál era su apellido? ¿A qué familia pertenecía? ¿De qué clase social venía…?

¿Por qué la gente quería matarla a pedradas?, ¿qué es lo que iba a contar esta María, tan grave que el pueblo quería eliminarla? ¿Por qué salió Jesús a defenderla? y decir: «¡El que esté libre de pecado que lance la primera piedra!»

¿Será que él sí sabía todas estas respuestas y también se sabía la vida de todos allí? Porque yo tengo amigas y amigos así como Jesús, que se saben la vida íntima de todo un pueblo… si no me cree vea un programa de televisión de España, en donde sale una tal Patiño que con absoluta pasión enfurecida le contará los más morbosos acontecimientos con lujo de detalles entre dos personas o más como si ella hubiese sido testigo presencial de los hechos. Es increíble cómo alguien se pasa unos buenos años estudiando en la universidad para, luego, sólo averiguar quién se acostó con quién y con cuántos. ¿Se imaginan a esta niña si le da por rebuscar la historia oculta de la Virgen María y de María Magdalena? Se hace millonaria en España, ya que el morbo televisado es lo que más paga hoy en día a nivel mundial.

Usted también debe conocer gente que habla de estos temas con absoluta propiedad y certeza, como si hubiese vivido en esa época y los hubiese conocido a todos, siempre hay alguien a su lado que dice saber más que usted, cuántas verdades están ocultas y cuántas inventadas, y ni qué decir de los eclesiásticos o políticos de ahora. Si habla uno se viene todo el gobierno o la Iglesia abajo como fichas de dominó.

Y si sigo preguntándome no termino de escribir este libro... Y tardaría mucho en llegar a la era cibernética, antes y después de Jesucristo, donde las cosas parecen estar más o menos igualitas...

Por lo tanto mis queridas amigas, pónganse cómodas y abran su mente para empezar a aceptar ciertas MENTIRAS que «los hombres de las cavernas» de la época del paleolítico, empezaron a sembrar en la mente de las mujeres.

Aquí usted encontrará la forma correcta para aprender a «Ser infiel» de una forma «CASUAL Y SIN ENAMORARSE», ya que cuando se es infiel por «MÁS» de una noche, o un tiempo corto de tres días y un máximo de cinco, entonces usted estará enredándose la vida de una forma brutal y SOLITA, pasando a formar parte de ese club de «amantes fijas» que pierden la vida entera «soñando con un espejismo», y ahí sí, mi querida amiga, esa será su decisión, pero prepárese para sufrir más que cualquier esposa, aunque no lo crea. Usted SOLITA habrá decidido causarle un gran daño a muchas personas y mucho peor: a usted misma, y eso será lo más grave, ya que usted no disfrutará sino al principio, luego pasará más tiempo llorando su soledad, su segundo plano, esperando esa llamada que nunca suena cuando usted desearía y solo la recibirá cuando él quiera hacerlo, muy feliz y tranquilo como quien no ha estado ausente.

Usted vivirá desenfocada de sí misma y solo pensando en él y rebobinando frases falsas que la mantendrán anclada a una relación ficticia que no se cristalizará nunca como usted la sueña, se levantará día a día esperando su turno. Poco a poco usted comenzará a resecarse y lucirá más vieja y fea que la propia esposa, pasará su vida convenciéndose que usted le da a él lo que su esposa no le da (culito y buenos besos, ya sabe donde), convencidísima de tener en su poder las grandes cartas de triunfo que jamás le funcionarán.

Y créame, usted terminará después de unos años con su culito roto y la mandíbula gastada de tanta dedicación. Usted mi querida amiga habrá perdido unos muy buenos años de su vida creyendo que usted era lo mejor en la vida de él y esperando recompensa. Hay hombres que sí caen en esta trampa falsa de culito y besitos, y dejan su hogar para casarse con su amante, una vez que las convierten en sus esposas, las amantes descubren que están hartas de complacerlos, y ellos se quedan como tontos diciendo: «pero tú me dijiste siempre que te encantaba», y allí ellos se quedan sin familia, sin culito y sin sus maravillosas mamaditas que tanto disfrutaban, entonces comienza todo de nuevo, y comienzan a buscarse otra que los complazca.

Por eso es que quiero dejar muy claro que esto no es un manual para ser la amante fija o representativa de nadie, este libro es para aprender a disfrutar de la sexualidad, para aprender a serle infiel a su esposo, a su novio, a su pareja fija o de convivencia representativa, y saber disfrutarlo.

Es para aprender a usar a los hombres como ellos nos han usado a nosotras y luego, «si te he visto no me acuerdo.»

Conviértase en una mujer que sabe ser una buena AMANTE, ser buena en la cama, (que a la hora de la verdad es lo que ellos mas desean y buscan). Para hacerle el amor a otra persona aprenda a amar con pasión y lujuria, realizando un buen sexo, totalmente desinhibida para su propio disfrute; sin tabúes ni miedos para disfrutar al máximo su sexualidad y luego seguir feliz y plena con su vida, sin remordimientos ni culpas.

Quiero que empecemos a desarrollar esa parte «masculina» que todas tenemos para lograr conseguir el balance emocional dentro de nosotras mismas, ese balance que teníamos y que nos fue arrebatado con la mala educación que nos dieron por años. Vamos a aprender a darles a los hombres su propia actuación de vida, porque esa será la única manera de lograr una nueva generación de caballeros reprogramados para que puedan saber convivir con esta nueva camada de mujeres que están invadiendo el planeta desde finales del siglo pasado; ya que ahora sí estamos preparadas para todo, sobre todo para saber liberar esos «límites mentales, moralistas, religiosos y sociales». Hoy en día sí estamos listas, y muy convencidas de que los hombres no quieren cambiar de actitud con charlas, conversaciones, ni con mucho cariño y paciencia, así que llegó la época de tomar medidas «drásticas» y darles de su «propia medicina», para que se sientan

tan arrinconados, ofendidos, vejados, humillados y utilizados como nos han hecho sentir a nosotras por décadas; vamos a demostrarles que jamás las mujeres contaron ni nacieron con un «interruptor o botón» para soportar tantos sufrimientos y tener la capacidad de seguir «amándolos» hasta que la muerte acabara con nosotras.

Comenzaremos a analizarnos y a aprender a transformarnos en todos los sentidos, aprenderemos a alimentar nuestro propio deseo sexual, exploraremos el mundo de la mentira, la infidelidad, la discreción, el ego, el morbo, la pasión, el sexo casual, y finalmente lograremos saber poner cara de «Yo no fui», de «¿Yooo?, ¡jamás!» y la más importante: «La cara de pendeja no culpable» (¡¡¡*Not guilty*!!!)

Lo primero que hay que aceptar es que nacimos desnudas, bellas, armoniosas, encantadoras y divinas. Capaces de crear con nuestro cuerpo «todo tipo de placeres» (inclúyase alimentar.)

Vamos a dejar de sentirnos impuras, indecentes, cochinas o putas por el simple hecho de mostrarnos, vernos o disfrutarnos desnudas; comencemos a dejar de descalificarnos, a dejar de repetir hasta el cansancio que estoy vieja, ya se pasaron mis años, estoy gorda, estoy muy flaca, no tengo buenos senos, no soy alta, tengo el pelo feo, no tengo cintura, me estoy arrugando, soy muy blanca o muy negra; dejemos esa absurda manía de inconformidad e inseguridad contra nosotras mismas.

Así que párese frente al espejo y aprenda a acariciarse, a quererse y a decirse todos los días «Qué bella soy, soy la más bella creación de Dios, hoy amanecí preciosa, soy la más linda de la casa, de la urbanización, del edificio entero», «YO SOY BELLA.»

Dejemos de estar diciendo todo el santo dia que si estoy gorda, que me salió una arruga, que tengo la nariz torcida, que no tengo el pelo liso, se me están cayendo los senos, tengo celulitis…¡*Coñoooo*! Hasta la imagen del espejo se asusta recibiendo tantas críticas negativas. Aprendamos de los hombres que cada vez que se miran en un espejo salen esponjados de lo bello que se ven barrigones, calvos y arrugados; ellos sí saben llenarse el ego y alimentar su autoestima, ellos aun siendo feos feísimos se ven hermosos. Se paran frente al espejo, se tragan todo el aire de la habitación, meten la barriga, se ponen casi morados aguantando la respiración y luego al expulsar el aire dicen: «ESTOY BUENÍSIMO… SOY TODO UN PAPI.»

Así que esto es lo primero que usted tiene que hacer todas las mañanas: cambiar de actitud hacia usted misma, y empezar a aceptarse y quererse mucho a sí misma. Si usted no tiene el cuerpo que desea, entonces haga algo por cambiarlo, opérese, haga ejercicio, haga dieta, pero ¡haga algo!, ¡reaccione!, nada se transforma sin un mínimo de esfuerzo, así que deje la quejadera y acéptese tal cual es, si usted decidió ser gorda entonces sea una gorda feliz.

El otro paso es aprender a bañarse. Disfrute del agua, prenda ese *jacuzzi* que tiene en su baño y nunca usa, péguese de los inyectores y descubrirá el rincón del placer que tenía y no disfrutaba, enjabónese y tóquese por todas partes muy bien; y si tiene una duchita de esas portátiles pues colóquesela allí a toda presión y verá cómo disfruta, igual cuando esté regando el jardín, póngase una faldita y riéguese su parcelita con esos grifos multiusos que vienen ahora para que compruebe otras de las ventajas de su manguera, frótese con un buen par de guantes todas esas miserias que han venido impregnándose en su cuerpo, tapándole los poros y la posibilidad de volver a SENTIR, sientase libre de tener y lograr todos los orgasmos posibles con toda tranquilidad. Luego échese cremita, aceite o talco, lo que usted quiera, lo importante es que quede suavecita. Perfúmese y pódese bien su loquita para mantenerla siempre lista, preparada para la guerra, ya que eso es lo que ella quiere: ¡Guerra! y de la buena… No más de lo mismo.

Ahora mírese de nuevo al espejo y vuelva a decirse lo bella que es, lo linda que está toda bañadita y perfumada, la sonrisa tan linda que tiene, lo divertido que es el movimiento de sus senos, cada uno con su propia personalidad, cada uno por su lado. Ponga música y baile, payasee, sea juguetona con usted misma. Analice lo feliz que se siente por el simple hecho de ESTAR VIVA para disfrutar de un día más, y convencerse que en la variedad está el gusto, y que cada persona tiene su propio encanto muy particular. Sea USTED MISMA y deje de querer ser como Jennifer López, su vecina o su amiga, eso es realmente patético. Aprenda a ser auténtica, cada persona tiene su encanto.

Comience a vestirse de esa nueva mujer, no hace falta tener ropa costosa para lucir bien, si usted se siente feliz y segura por dentro, usted reflejará una brisa fresca a su alrededor. En cambio, si usted se siente desdichada y ansiosa, aun cuando se ponga la ropa más costosa del planeta, lucirá fea, reseca y con cara de culebra resignada. Solo trasmitiendo felicidad comenzará a volver a sentir la mirada morbosa y sensual de los hombres por donde usted pase, y eso alimentará su ego y le dará mayor seguridad. No importa qué talla usted use, si es bajita o muy alta; deje el complejo, que si usted lanza una sonrisa usted recibirá otra; así que camine feliz por la vida levantando pasiones dormidas.

Solo así sentirá cómo su mente empieza a despertar, y cada vez que note que un hombre la mire de una forma diferente, entonces tomará más entusiasmo para ponerse más linda cada día. Aprenderá a alimentarse con ese morbo de los hombres, sepa usarlo a su favor.

Ahora es tiempo de buscar por ahí, en el rincón más privado de su mente, a ese hombre «divinamente prohibido» que todas tenemos por años escondido con ganas de olerlo, saborearlo y comérnoslo a besos (dije hombres, no espejismos, incluyendo a todos esos actores de cine, modelos, cantantes, etcétera. Aterrice, no es que sea imposible, pero vamos a comenzar por metas a corto plazo). Busque a ese jefe, al primo (en mi tierra dicen que: «carne de primo también se come»), al mejor amigo de su novio o esposo, al vecino, al esposo de la amiga, al cuñado, al presidente del condominio, al cura (no se escandalice, hombre es hombre, ese sacerdote será bien discreto y hasta puede hacerla sentir el más sagrado y celestial de los orgasmos, no se asuste ya que la Iglesia tiene que cambiar tarde o temprano sus leyes, y liberar a todos esos hombres sometidos a mantener su sexualidad estrangulada, obligados a pasarse la vida masturbándose, eso ha sido extremadamente inhumano y antinatural, por eso hay tanto trapo sucio y súper escondido dentro de la doble moral de la Iglesia); piense en el compañero de trabajo, el profesor de tenis, el plomero, el jardinero… Piense en ese que a usted le ha gustado siempre y no se atreve a insinuarle nada, piense en él y visualícese en una deliciosa fantasía. Mastúrbese pensando en él, en lo que sería capaz de hacerle, alimente su morbo para cuando lo pueda disfrutar, piense en lo que le dirá. Dése el gusto, por un día, dos, o un máximo de cinco veces al año, recuerde que será solo para renovarse, oxigenarse, regalarse momentos prohibidos que son deliciosos. Acuérdese siempre que esto lo han hecho los hombres por los siglos de los siglos. Cuántos cuentos nos sabemos: «¡¿Puedes creerlo?! Le fue infiel con su propia hermana…» «Sí, con su secretaria que se la pasaba metida en su casa…» «Con su mejor amiga…», en fin, para qué repetir historias si ya nos las sabemos todas.

Olvídese de sus perjuicios y acuérdese que nos han engañado, recuerde que estamos limpiando el disco duro de todas las mentiras y falsos conceptos con los cuales nos envenenaron la mente y el corazón. A ellos les echaron otro cuento, sentir atracción por una persona es NORMAL Y NATU-RAL, no se sienta culpable, sus sentimientos o su corazón no saben de papelitos o de leyes, sienta y atrévase a sentir, los hombres han aplicado este método siempre, a ningún hombre le ha salido «una gran roncha en la frente» cada vez que «ha pecado», todo lo contrario se le ilumina la cara, celestialmente hablando (eso es una prueba de que Dios es hombre). Sólo imagínense la cantidad de hombres que andarían por ahí llenos de ronchas cada vez que «pecan», ya que el mandamiento ese de «No desearás a la mujer del prójimo», Dios lo agregó porque ya sabía que ese deseo existiría por siempre. Pero no lo hemos analizado, ya que parece un mandamiento exclusivamente masculino, como verá no existe un mandamiento que diga: «No desearás AL HOMBRE de la prójima» por lo tanto, ser una mujer infiel NO ES PECADO.

Dios sólo pensó en los hombres, y por algo sería, todos se morbosean con la esposa del amigo, que de hecho aunque usted no lo crea es la más deseada por ellos, créalo, así que deje de creer que el cielo, el pecado y el infierno existen como se los contaron (existen de una forma subliminal, lujuriosa y deliciosa, ya hablaremos de eso), ha sido puro cuento de terror para lle-narnos de temores y tenernos asustadas de por vida. No se deje intimidar más y razone, que usted ya está grandecita para seguir creyendo en una cueva incendiándose y un diablo en la entrada leyéndole a usted todas las veces que pecó. Imagínese si eso fuera verdad, el embotellamiento en la puerta sería infinito. Usted ya razona para saber qué puede y qué quiere hacer, así que barra de su mente todos esos cuentos de terror que sus líderes religiosos, padres y la sociedad le han ido inyectando, por años, como dosis de veneno para lograr mantenernos como tontas y puritanas, llenas de miedos a disfrutar de nuestros sentimientos, deseos y lujurias.

Y ya que aprendimos a frotarnos bien la piel para abrir nuestros poros a las sensaciones nuevas y electrizantes, tenemos que agarrar y echarnos en la mente el mismo *spray* ese que usamos para limpiar el horno después de preparar una cena navideña; sí, mi amiga, nos hicieron creer que seríamos unas cochinas pecadoras, impuras, malas mujeres, promiscuas y desvalorizadas si nos atrevíamos a sentir.

Así como logramos quitarnos de la mente la estúpida idea de la virginidad, así mismo tenemos que mentalizarnos con el concepto de «La Infidelidad», ya que ha sido terrible el daño que nos han causado a todas.

Y también tenemos que cambiar de ACTITUD cada vez que nos sentimos engañadas y traicionadas, ya que nos programaron para hacernos perder nuestra autoestima, nos derrumbamos, entramos en fuertes depresiones, deseamos morir y lo que es peor aún: nos sentimos CULPABLES por algo que ni siquiera hicimos ni disfrutamos nosotras. Buscamos el motivo de: «dónde fallamos como mujer» para justificar al hombre que nos hizo daño. Ha sido realmente patético cómo aprendimos a destruirnos a nosotras mismas, pensamos en la forma en que lo hemos amado: tratándolo como un rey, consintiéndolo, diligentes con todos sus caprichos y cómo estábamos tan seguras de confiar en él, creyendo como bobas que él valoraba y disfrutaba todo. Luego al sentir su traición morimos por dentro, destruyéndonos la inspiración, la alegría, acabando con nuestra libido y los deseos de lucir mejor. Ese rey maravilloso por el que vivíamos y que dice amarnos, nos hace sentir como un trapo viejo y usado. Fue él, ese hombre que tanto idolatrábamos, y el más cercano a nuestro corazón, el que decidió hacernos daño… Y así nos criaron para autodestruirnos, perdemos el Balance Emocional al sentir que no somos amadas por un hombre, o por nuestro hombre.

Jamás nos dijeron que la infidelidad era solo un «Comportamiento» individual de cada ser humano, y que todas viviríamos esa traición tarde o temprano, porque los hombres no se llenan, por lo general, con una sola mujer por muy bella, pura, buena o divina que sea. Y más, si ellos se sienten que están envejeciendo, ya que a partir de los 45 años comienzan a buscarse mujeres con un mínimo de 15 años menos que ellos, porque el desequilibrio de masculinidad que sufren los atormenta, necesitan mostrarse ante la sociedad, en especial delante de los amigos, que son capaces de conquistar a una mujer mucho más joven que ellos, muchas veces hasta menores que sus propias hijas, eso les refuerza el ego y la morbosidad. Difícilmente los verán en relaciones con mujeres contemporáneas a ellos. Es por eso que unos se divorcian de sus esposas y comienzan todo el proceso de pañales de nuevo, ya que al perder a la familia ya formada, con los hijos ya grandes; necesitan, de alguna manera, ese caos familiar que perdieron. Buscan en esas mujeres jóvenes sentirse más seguros a la hora en que necesiten una enfermera para un posible futuro inmediato, y ahí no les importa si ella es infiel o no, ya que ellos, cada día, perderán su poder poco a poco.

Nunca nos educaron para cuidarnos o protegernos, para mantener el ego y la confianza en nosotras mismas a pesar del mal comportamiento de nuestra pareja. Nos enseñaron a ser serviciales, vivir a través de ellos y tener que estar cuidándolos y espiándolos, pasando la mejor parte de nuestras vidas perdiendo el tiempo y energías en esa estupidez; ya que el que quiere hacerlo lo hará y delante de nuestras propias narices; ya que él disfrutará más del morbo que generará ese riesgo a lo prohibido. Tenemos que aprender a demostrarles que no estamos TAN pendientes de ellos y sí más enfocadas en nosotras, y usted verá cómo cambia el cuento; y será él, el que estará pendiente de ver en qué anda usted.

Si un hombre descubre que su mujer le es infiel irónicamente enloquecerá por ella, la consentirá, la llenará de detalles, la llamará cada media hora, llegará temprano a la casa para hacerle el amor cada día y olfateará, cual perro, el piso por donde ella pasa.

Créame, el comportamiento humano es absolutamente contradictorio, y cada quien decide cómo comportarse, y nada tiene que ver con AMAR. Nos enseñaron a ser arrogantes en este tema, nadie debería jamás pretender que la otra persona es una propiedad privada y mutilada a sus deseos naturales y biológicos, es una presunción muy soberbia el pretender que ese ser humano es solo tuyo. Nos dañaron la mente y el corazón para justificar nuestros sentimientos y auto castigarnos, para sentirnos vejados, llenos de leyes que no deseamos cumplir.

Según el diccionario de la Real Academia Española de la lengua, ser INFIEL significa: «Que no guarda fidelidad, que falta a sus compromisos, especialmente en el matrimonio: infiel a sus promesas. Inexacto, que no expresa la verdad o la realidad: relato infiel.»

Ahora bien, dígame dónde habla de sentimientos o de amor, sólo habla de comportamiento. Por ejemplo: Estar triste es sentir y ser infiel es una forma de proceder o comportarse, pero los hombres, desde el principio de los siglos, nos acondicionaron la mente a las mujeres como si el tener ese comportamiento fuera pecado, al igual para los hombres, solo que para ellos pareciera que hubiera sido sin validez para sentirse pecadores atormentados. Y créame que los hombres manejan la Infidelidad a su favor, para alimentarse el ego, no para destruírselo ni sentirse culpables, y en el 70 por ciento de los casos, no significa nada especial para ellos. Ser infiel es parte de sus alternativas de vida para adquirir experiencia o deseos sexuales, o parte de las decisiones que pueden o no, tomar, no andan asustados por la vida por lo que hicieron, ni se sienten sucios, ellos pasan la página como si no hubiese sucedido nada. En cambio nosotras, con tan solo un pensamiento inapropiado, andamos por la vida mortificándonos como si hubiéramos cometido un asesinato.

Los hombres siempre han usado a las mujeres para satisfacer deseos biológicos y naturales de atracción sexual. Lo sienten y lo disfrutan, así de simple; es como tomarse unas cuantas cervezas, las buscan, las saborean, las disfrutan y luego las eructan… Y siguen con su vida sin hacer ningún drama por eso.

Claro, pero si es su mujer, su hembra, la que se atreve a serle infiel, entonces por alguna extraña razón ellos pierden su Balance Emocional, creándoles inseguridad en su hombría. Se les voltea el mundo, se deprimen, se sienten destruidos, humillados; hasta pareciera que sufren los mismos síntomas que las «estúpidas e inmaduras mujeres.»

Luego están los SÚPER ofendidísimos. Los machos extremistas, inseguros y brutos que de pronto pierden totalmente la cordura, agarran una pistola y matan a los infieles, en la mayoría de los casos son muy cobardes para pegarse el tiro ellos mismos y se quedan vivos para inspirar lástima el resto de sus vidas, para ver si alguien les aplaude la gracia o les da la razón.

¿Se imaginan a estos elementos? Yo no puedo creer que alguien sea tan tonto e inmaduro como para no poder asimilar el comportamiento de una persona y llegar a matar a otro ser humano por unos cachos, cuernos, tarros… ¿Pueden creerlo? ¿Es eso realmente «Madurez Masculina»?

Madurez ha sido la actitud y la superación que hemos demostrado la mayoría de mujeres durante muchos años cuando nos han arrinconado, humillado y ridiculizado delante de una sociedad entera que, de paso, se dedica a hacernos más daño con sus juicios, chismes y burlas.

Madurez es vernos renaciendo de nuevo, más fuertes y felices que nunca, después de semejante paliza recibida. Nosotras sí hemos sabido andar por la vida con nuestras propias cicatrices.

Y yo me pregunto: Si él disfruta y es feliz cuando penetra a una de mis mejores amigas, ¿por qué entonces él se podría sentir mal si yo me dejo penetrar por uno de sus mejores amigos que me está haciendo, a mí, también muy feliz?

¿Será que soy muy bruta y aún no lo he podido asimilar por más que me lo han explicado infinidad de veces, durante muchos años?

¿Será que hay que respetar a quien no sabe respetar sus compromisos o promesas?

¿Por qué los criaron para exigir fidelidad si ellos mismos no saben ser fieles?

¿O será que a la Real Academia se le olvidó extender en su definición que ese mal comportamiento del infiel hería profundamente los sentimientos de las personas solo cuando eran descubiertos? Especialmente de esa persona que ellos dicen amar más que a nadie.

¿Por qué seguir con esa mala educación a cuestas?

Creo que sería mejor no tomarnos la infidelidad de manera tan dramática ni de una forma tan ofensiva como nos la han sembrado para autodestruirnos la moral. Deberíamos comenzar a aceptarla como un comportamiento individual, que al final de cuentas, eso es lo que es, al cual todos tenemos derecho a decidir vivirlo o experimentarlo «discretamente» para no herir los sentimientos de nadie, ya que los cuernos solo duelen cuando logras vértelos en el espejo de tu propia alma, ya que ante la sociedad son invisibles y silenciosos.

Nuevos conceptos

Estamos atravesando un periodo de total y absoluta «Mutación Humana» en todos los sentidos, ya que se está diseñando y programando a una nueva raza humana, totalmente cibernética, digitalmente tecnológica, muy libre de pensar y vivir como mejor le parezca, dentro de ciertos límites y parámetros para mantener cierto orden o equilibrio dentro de la sociedad o convivencia; pero muy libre de pensamiento sin tantos tabúes y traumas emocionales. Afortunadamente, viene una nueva generación más tolerante, criada con cariño y respeto, con derecho a analizar, razonar y elegir, menos traumada, nada dramática, súper veloz mentalmente, cada día más pacífica, comprensiva y abierta a un sinfín de posibilidades de pensamiento. Finalmente los niños, desde pequeños, se están criando con otros conceptos, igualdades y más respeto por todo su entorno.

Una nueva generación creada por la participación activa de la mujer de estos tiempos, hijos criados por grandes mujeres que están creando hombres más tolerantes y menos machistas que ven a la mujer como un ser inteligente y digno de todo valor y consideración.

Somos testigos de la transformación de las cosas de una forma tan rápida que no nos da mucho tiempo para pensar, simplemente tenemos que involucrarnos lo más rápido posible en los cambios o nos sentiremos seres caducos y del mismísimo siglo pasado, llenos de telarañas. Vamos viendo que lo que antes nos sorprendía de una forma total y absoluta, como cuando el hombre pisó la luna por primera vez, hoy nos parece una rutina, ni nos enteramos si sale o llega un Transbordador Espacial, sólo será noticia importante para nosotros si explota. Creíamos que sabíamos montar bicicleta, motos, andar en patines, patinetas, jugar con una pelota, pero no; solo hay que ver a toda esta nueva generación haciendo todo lo que se podía hacer con todos esos juguetes y nosotros no fuimos capaces de hacerlo, y mucho menos de pensarlo, o arriesgarnos a hacer cosas fascinantes. Hoy me río cada vez que veo a un padre enseñando al hijo a montar bicicleta, y me digo: ¿qué no hará en unos meses este nuevo niño con esa bicicleta? Pasamos años creyendo que éramos muy creativos y arriesgados, ¿quién no se sintió feliz cuando logró recorrer unos metros en bicicleta sin poner las manos en el manubrio…? Qué tontos nos sentimos hoy.

Antes había una guerra en el mundo y la economía entera del planeta era afectada, ahora se generan varias a la vez y son televisadas día a día y hasta traen fuertes beneficios monetarios en muchos rubros. Vemos cómo cada día se cae la economía en diferentes países y esto hace surgir a otros económicamente, sube y se cae la bolsa de valores, se disparan los precios del petróleo, el oro, el dólar o el euro y luego se desploman muy hábilmente y por casualidad. Estamos viendo cómo se están derrumbando las religiones dictatoriales y antifeministas, al igual que la política, ya que para el caso son como hermanas gemelas, afortunadamente se están rompiendo esos límites arcaicos impuestos en las mentes de las personas y en la medida de los acontecimientos, vamos adaptándonos y viviendo ante una nueva realidad, ante un nuevo «Concepto de Vida» mucho mejor en todos los aspectos y sentidos, aun cuando haya un grupo de «pesimistas puritanos muy miedosos a los cambios» tratando de convencernos de que todo está cada día peor, pero no, el mundo cada día está mejor, pero en televisión solo nos cuentan lo negativo, ya que eso es lo que vende, a la gente le gusta escuchar solo cosas malas, no sabe escuchar las cosas positivas, esas lamentablemente aburren y no tienen *raiting*.

Pues bien, llegó la hora de cambiar conceptos, por lo tanto desnude su mente para empezar a recibir otras ideas o por lo menos otros puntos de vista que la han tenido a usted bloqueada y llena de miedos, como si perteneciéramos a una generación de culpables, llenas de límites mentales y con una sexualidad totalmente estrangulada.

HOMBRE: *Persona del sexo masculino de la raza humana, dotado de inteligencia y de un lenguaje articulado, clasificado entre los mamíferos del orden primates y caracterizado por poseer cerebro voluminoso, postura erguida y manos prensiles.*

Entonces, mis queridas amigas con semejante descripción qué se puede esperar de estos primates... Simplemente que son maravillosos, más sencillo no puede estar, tienen sexo, son humanos, son inteligentes, aprenden a hablar, tienen un cerebro Bolu... ¡Perdón!, voluminoso (yo diría en dos partes del cuerpo y algunos del mismo tamaño), son capaces de pararse erguidos (si no lo cree, obsérvelos cuando están en las barras de los bares) y tienen manos capaces de agarrar, tocar, sobar… Ya saben, son geniales para usarlas y cuanto más envejecen más las usan para todo lo que el cerebro voluminoso les permita desear.

No me van a decir que no son unas criaturas adorables. Vamos a dejar de echarles la culpa de todo lo que nos pasa a nosotras y vamos a comenzar a disfrutarlos y lo que es más importante, vamos a IMITARLOS en todas las cosas que ellos sí saben disfrutar. Esa crítica constante por parte nuestra, ha sido pura envidia de no saber comportarnos como ellos en algunas ocasiones, «al igual que nosotras» los hombres solo están deseando que los quieran, que respeten su espacio y que los consientan.

MUJER: *Hembra de la especie humana. Persona adulta del sexo femenino. Esposa-Mujer de su casa. Mujer que cuida con eficiencia del gobierno de su casa.*

(Toda aquella que desee demandar al diccionario, que haga la fila para colocar su nombre y comentario en la demanda colectiva que le vamos a entablar a todos los creadores de dicha descripción.)

Aquí es donde yo me pregunto si en dichas imprentas o editoriales trabajan mujeres ciegas, sordas y mudas, junto a hombres paleolíticos que continúan permitiendo que se sigan colocando estos conceptos, tan anticuados e irrespetuosos hacia nosotras las mujeres.

Por eso es que digo que si ha habido una verdadera «Mutación Humana», ha sido la de la MUJER, el hombre se quedó en la era del paleolítico.

Nos hemos transformado en verdaderas Amazonas de los grandes cambios de los últimos tiempos, hartas de ser tratadas como si no tuviéramos cerebro para más nada que para ser muy eficientes para limpiar, cocinar, criar y manejar una casa; por eso, sabiendo que algunas mentes siguen como las respuestas de estos diccionarios anticuados, yo les voy a dar nuevos conceptos de vida .

HOMBRES Y MUJERES: Hoy en día, seres humanos que aceptan que simplemente son DIFERENTES, que nunca serán iguales ni deberían serlo (no se trata de estar reseñando quién es el sexo fuerte o débil, ya que hay para todos los gustos), que deben, en el proceso de evolución, empezar a respetarse y comprenderse para que juntos puedan lograr grandes cambios sin vivir en eterna competencia.

MUJERES DIVORCIADAS: Erróneamente catalogadas como putas, liberadas y promiscuas; malas esposas que no fueron capaces de llevar un matrimonio con dignidad y peligrosas para tenerlas como amigas; ya que podrían quitarle a su «espantoso» marido.

Exceptuando a un pequeño grupo de este tipo de mujeres, que en verdad solo buscan volver a casarse para volver a caer en la misma rutina de la cual salieron con desesperación, la gran mayoría de ellas son mujeres que están muy claras en el proceder de los hombres, ellos te amarán, cuidarán y te protegerán hasta que aparezca «la otra», dignas de admiración, ya que tuvieron el suficiente VALOR para no continuar con una vida mal vivida y reseca al lado de su esposo por una serie de razones, saliendo adelante con una serie de problemas y la responsabilidad de formar a sus hijos las «24 horas del día de los 365 días del año», no esporádicamente como el 90 por ciento de los «padres», que solo cada dos semanas buscan estar con sus hijos, unas pocas horas y los regresan como quien le está haciendo el «gran favor a la madre de las criaturas» otros crían solo por contacto telefónico y ahora por la magia de Internet, esa mayoría de hombres divorciados que solo así siguen «criando» a sus hijos, se les llena la boca diciendo que son buenísimos padres; muy pocos se responsabilizan económicamente y otros ni eso… Ni nada, ya que se convierten en los padres invisibles.

La mayoría de las mujeres divorciadas, una vez fuera del ruedo del matrimonio, ven con claridad el comportamiento natural de los hombres y prefieren mantenerse donde están para no volver a ser humilladas y engañadas nuevamente, así que vamos a ser más tolerantes con ellas, y a admirarlas más y a menospreciarlas menos, ya que este tipo de mujer se considera muy libre y segura en todos los aspectos de su vida, y si se acuesta esporádicamente con cualquier presa que le gusta en un determinado momento, es porque simplemente aprendió a «usar a los hombres» y luego ni los llama, ya que ella no será tan tonta para convertirse en la amante de un hombre casado, así que deje de pensar que estas valiosas mujeres le quieren desbaratar su matrimonio, ya que no les interesa para nada cambiar su puesto por el de usted, a algunas no dudo que sí, pero como dije antes: estoy hablando de las mujeres Felizmente Divorciadas, ellas ni se molestan en preguntar el estado civil de su presa, simplemente no tiene relevancia en su vida, de hecho poco les importa cómo se llaman.

SEXO CASUAL: Es el que se practica esporádicamente de vez en cuando. Si la oportunidad se presenta, la mayoría de los hombres lo practican tanto con sus esposas, novias o parejas como con otras mujeres que se le van cruzando en sus días de mucho trabajo; también este tipo de sexo es practicado dentro de la mayoría de matrimonios de «muchos años», ya que solo tienen sexo casualmente, en ocasiones especiales y bastante rutinario, pero hay un sexo casual extraordinariamente delicioso que se practica fuera del matrimonio o la pareja fija, donde no existe la rutina y sí el deseo, el morbo y la pasión, que juegan unos ingredientes extraordinarios para poder disfrutarlo intensamente. Ese sexo casual es el que usted tiene que aprender a buscar y disfrutar sin el menor remordimiento y con el más delicioso placer. Y aunque no lo crea, ese sexo casual, la enseñará a darle novedades a su pareja o esposo. Hay muchos hombres que me han comentado que a ellos les gustaría que sus esposas les fueran infieles, para que aprendieran otras tácticas y fueran sexualmente más seguras, pero que no quisieran enterarse por nada del mundo que ellas fueron infieles, sin embargo están claros que sería beneficioso para su relación.

Comience a soñar, atrévase e inicie a practicar como mujer infiel, casual y esporádicamente, SIN ENAMORARSE, sin desenfocarse en saber que solo será sexo para su disfrute. Créame, en la medida que usted pruebe a otro hombre, despertará como mujer, comparará y se dará cuenta cómo cada uno de ellos tiene sus propias caricias, besos y juegos sexuales extraordinariamente variados y maravillosos que la harán sentir verdaderas corrientazas por todo el cuerpo claro, siempre habrá quien la desilusione y no merezca la pena repetirlo, pero serán más los que la motivarán y le llenarán el ego, y le revolcarán toda su sensualidad.

Hay hombres que solo son divinos de la cintura para arriba, ya que más allá de saber darnos unos besos exquisitos y orgásmicos, no son muy buenos de la cintura para abajo.

Con el tiempo, y según las nuevas experiencias a las que se arriesgue, lo irá comprobando, acuérdese que no es pecado, el solo hecho de bañarse y vestirse para otro hombre será una rica, excitante y alegre aventura que la llenará de vida, hasta se mojará sola de solo pensarlo, pero aprenda a ser «SÚPER DISCRETA», es como irse un día a un *Spa* y salir totalmente renovada, no hay nada más delicioso que estar con un hombre nuevo, olerlo, explorarlo, mirarlo de cerca, tocarlo... Y más si este la ha estado deseado a usted por largo tiempo. Aun cuando a usted no le guste mucho, tómese dos tragos (dos embellecedores, como dicen ellos), y pruébelo que llegado el momento la tratará como a una reina, la consentirá, y se esmerará para que usted disfrute al máximo, ya que él querrá demostrarle que no hay otro hombre mejor en la cama, y luego me dará la razón. Por lo general (sin generalizar) los hombres bellos no son muy buenos en la cama, en cambio los feos se esmeran más en volverla a usted loca de placer, lo mismo que el famosito dilema del tamaño, lo podrán tener grande o pequeño, pero si no lo saben usar es como llevar una estadística de empate; claro, el miembro un poco más grande es más satisfactorio, ya que la penetración es muy placentera y se siente más rico.

También están los «enViagrados» que de seguro tenían tiempo que no se lo veían tan grande y empiezan a decirle a usted una y otra vez: «mira que grande me lo pusiste...¡¡¡Míralo!!! Y usted si quiere que él se vuelva a concentrar en lo que empezaron, casi que tendrá que aplaudir, poner cara de súper sorprendida y armar una gran fiesta... Hombres = Niños..., así que tenga paciencia que de estos hay muchos, tendrá que buscar la forma de que él vuelva a concentrarse en darle placer a usted y deje de mirarse a él mismo.

SÚPER DISCRETA: significa que ni a «SU MEJOR AMIGA, PRIMA, O HERMANA O DEMÁS FÉMINAS», debe contarles sobre sus aventuras, se lo digo por experiencia propia, ya que en lo que usted se voltee, esa, su mejor amiga, su prima o hermana, será la primera que querrá probar a su delicioso hombre que la transportó al cielo, o la hizo sentir el delicioso calor del infierno, o la llevó a tocar la luna y las estrellas; mucho cuidado con contarle a alguien, ya que, simplemente, ninguna mujer se guardará semejante chisme, o dejará de desear vivir lo mismo que usted, esa saldrá corriendo a contárselo a alguien, para que la otra tampoco se lo cuente a «NADIE...»

Comience a tener en su alma, su corazón y su disco duro, un archivo súper confidencial y ultra secreto, y si usted se muere por decírselo a alguien, entonces párese frente al espejo, dígale todo lo que quiera a su imagen que es su única y verdadera amiga y confidente; de esa forma se habrá desahogado, será como misión imposible, lo que diga y le cuente al espejo, se autodestruirá una vez que usted se mueva de allí.

Hágame caso en este punto a la hora de ser infiel, no confié en nadie, planifíquelo sola, disfrútelo sola, guárdeselo sola y revívalo mentalmente cada vez que usted lo desee.

SINCERIDAD: Capacidad que pocas personas tienen y que muy pocas saben asimilar. Si usted le dice la verdad a alguien, no le gustará, o se quedará pasmado, o se indignará; pero si usted actúa sin expresarle sus sentimientos o la verdad a esa persona, entonces alguien se la contará en forma de chisme, a su manera, y tampoco le gustará; se quedará pasmada, indignada y usted será fuertemente criticada de una u otra manera, así que simplemente le aconsejo que sea usted misma y viva lo que desee vivir sin contarle nada a nadie, ya que al final igual será criticada porque al ser humano le gusta más escuchar una mentira o un chisme que una sincera verdad, la mayoría de las personas no saben asimilar esa verdad de la manera correcta, créame, ya esa también la viví.

LAS PURITANAS: Aléjese de estos seres que van por la vida muy calladitas, con caritas de pendejas bien administradas, muy religiosas, decentes y que se escandalizan por miles de cosas que van escuchando.

Estas son peores que usted y que yo, viven con una doble moral, engañando a todo el mundo y engañándose a ellas mismas, que es lo peor del caso.

Aunque no lo crea, el ser humano prefiere vivir envuelto en una gran mentira y engañándose a sí mismo, que vivir en una vida auténtica, apasionada, transparente y sincera.

EL GRAN AMOR, LOS AMIGOS, SOCIOS Y FAMILIARES: Pasamos la vida cuidándonos, en guardia, pendientes de los desconocidos y enemigos para que no nos hagan daño, sin darnos cuenta que dejamos abiertas todas las posibilidades y oportunidades a «nuestros afectos más cercanos e íntimos» para que nos hagan el más cruel de los daños, y nos traicionen de una forma brutal e inesperada, siempre es el novio (a), esposo (a), socios, amigos cercanos, íntimos y familiares los que «NOS TRAICIONAN»; ellos son los que se saben todos nuestros puntos débiles, secretos, miserias, intimidades, y están dentro de nuestras vidas compartiendo todo con nosotros, pero es precisamente de «ELLOS» que recibiremos esa puñalada trapera; suena terrible pero así es la vida, hay que cuidarse de estos seres que son, la mayoría de las veces, los que más daño nos harán.

En cambio, estamos siempre pendientes del enemigo, analizando su estrategia. Solo le aconsejo que cuando un enemigo o un traidor de esos afectos cercanos le haga daño, no dude en destruirlo o desmoralizarlo por completo, ya que de dejarlo con alternativas de recuperación, lo primero que hará será atacarla o volverla a traicionar. El traidor traiciona siempre, una cosa es perdonar y otra muy diferente es olvidar la traición; si por alguna razón familiar usted no puede decapitar a un traidor, entonces manténgase siempre alerta, déjelo seguir pensando que usted es la misma boba de siempre, esa será su ventaja, ya que cuando él vuelva a acercarse, usted estará lista y alerta con su cara de pendeja bien administrada para sacar y estirar su lanza mortal y ponérsela sin ningún tipo de piedad en medio de su pecho, afincándosela al borde de su corazón para que él sienta, en todo su ser, su fuerza de mantenerlo a distancia, así la respetará y se andará con cuidado si no quiere tener una muerte súbita e implacable, nunca permita que un traidor le haga daño dos veces, estréllelo sin piedad y manténgalo a raya cada vez que se acerque a usted.

Y no permita que ninguna crítica o comentario, de este tipo de gente, la afecte, usted ya está súper clara de cómo es esa persona, sabe lo miserable que es, cuánto valor tiene y lo culebroso que es, así que cuídese y no lo deje pasar de la raya una vez más.

SUFRIMIENTO, MIEDO, MUERTE: El fabuloso y doble mensaje con el cual nos crían desde pequeños, nos enseñan a vivir sufriendo pero no quieren que suframos, pobrecito no ha tenido suerte, no camines por ahí que te puedes caer, no te arriesgues a amar a esa persona que te va a hacer mal, te lo dije, que si te decides a ir por ese lado sufrirás... En fin, evitamos por todos los medios que nuestros hijos sufran, no queremos que sufran y muy tarde aprendemos que si «no sufrimos no aprendemos a vivir», es parte de la vida, así de simple, y nos acondicionaron la mente para ir por la vida lamentándonos he inspirando lástima, nos pasa algo malo y lo repetimos por meses, le vamos agregando más dramatismo todos los días, nos enjabonamos con eso cada vez más y más, se convierte en nuestra bandera de vida para tener excusas fuertes para estancarnos y aplastarnos a nosotros mismos.

Jamás nos enseñan a «Ser Felices», a aprender de los errores cometidos y a buscar la parte positiva de ese aprendizaje de vida, no sabemos repetir o decir «que feliz soy» porque hoy me pasó algo maravilloso que ni siquiera me lo esperaba, no sabemos ir adornándolo día a día con más alegría, no sabemos enjabonarnos muertos de la risa con una alegría y no sabemos contarlo, expresarlo, recordarlo y recordarlo para que se convierta en algo positivo que nos impulse y nos motive cada día más. «Nos enseñaron a ser fatalistas y no optimistas». Siempre hay alguien ahí pendiente de decirnos o recordarnos que nos estrellaremos. Aléjese de las personas secas, amargadas, negativas, pesimistas y que no quieren sufrir, esas no saben «VIVIR.»

Todo esto viene acompañado de las cinco letras mas fuertes que a un ser humano puedan inyectarle: «MIEDO.»

Ese miedo a todo, a cambiar patrones, cambiar de vida, de trabajo, de ciudad, de país, de amor, de forma de comer, de vestirse, de peinarse, de divorciarse, de casarse, de tener hijos, de socializar, de que te engañen, de que te peguen, de que te griten, de que te choquen, de manejar, de............ «VIVIR» y mucho más de vivir intensamente.

El miedo te lleva a razonar y pensar las cosas unas ochenta veces hasta encontrar la excusa perfecta para no arriesgarte y no ser espontáneo, para luego convencerte de no atreverte a nada. El miedo te atrapa, te aferra, te inutiliza, te anula la creatividad, el pensamiento positivo, ese mensaje que te envía tu mente que sólo tú serías capaz de lograr y el miedo te estanca, el miedo es peor que la rabia o la cólera, ya que estas te hacen reaccionar, te revuelcan la adrenalina, te dan vida de una u otra forma; hasta te pueden transformar en una persona altamente positiva y triunfadora, segura de haber cambiado, pero el miedo te paraliza.

Y el miedo a MORIR es el que más terrible nos parece. Sabemos que todo en la vida tiene un principio y un final, pero no nos preparan para verlo, desde pequeños, como algo posible; hay que evitar morir a toda costa, ya que nadie quiere morir ni ver morir a sus seres queridos; no nos parece justo, no comprendemos, ni sabemos, ni queremos soportar ese dolor, todo lo contrario, así tendremos otra excusa para autolamentarnos aún más, es nuestro miedo más grande, y peor es aceptar la muerte de un hijo, es algo que no deseamos vivir bajo ninguna circunstancia, nos destruye, nos debilita. El pensar en morir nos hace aferrarnos a la vida y dejamos de hacer mil cosas para no darle ninguna oportunidad a la muerte de que nos atrape, sin darnos cuenta que el día ya está escrito desde el mismo momento en que nacemos, solo que no sabemos cuándo será, ni cómo, ni dónde, ni en qué forma sucederá, simplemente en el justo segundo de nuestras vidas, en ese segundo incierto y muy nuestro, moriremos por una u otra razón; echarle la culpa a alguien es adornar el sufrimiento, nada sucede por casualidad, todos moriremos físicamente porque de alguna manera iba a suceder, tarde o temprano. Nadie se muere en vísperas, toda una serie de circunstancias se conjugan para que simplemente pase, entonces queremos buscar a un culpable, echarle la culpa a un médico (que es un ser humano que también comete errores es, para mi forma de pensar, injusto en la mayoría de los casos; no creo que ningún buen médico quiera que se le muera un paciente). Querer engañarnos es una forma de protegernos, simplemente hay que estar VIVO para morirse, la forma de morirse será diferente para cada persona y esa forma de morirse nos dará un aprendizaje a todos, porque hasta la muerte nos enseñará a VIVIR.

SEXUALIDAD: Es el placer que sentimos como producto de una serie de excitaciones y actividades, de formas de sentir que se van desarrollando desde la infancia de cada individuo, que se va envolviendo de una forma normal y armónica con los sentimientos de deseo, amor, atracción, morbo, pasión y actividades conectadas directamente con los genitales.

Se podría decir que es una especie de comunión con el alma, el cuerpo y la mente.

Todos tenemos sentimientos, actitudes, convicciones, patrones en materia sexual, pero cada quien tiene el derecho de vivir y experimentar con su sexualidad de la forma que más desee sin ser juzgado, desvalorizado, vejado o criticado.

El amor que una persona pueda sentir no tiene que ver solamente con el sexo, ya que el sexo es una de las cosas importantes que se da o no se da dentro del amor.

No se puede hablar de sexualidad sin tomar en cuenta sus múltiples variantes o dimensiones, por eso hay que saber experimentar con nuestra propia sexualidad sin miedos y sin tabúes, aprender a sentir qué nos hace felices y qué no, así como se nos permite probar diferentes comidas, olores y sabores, así deberíamos estar educados para experimentar con nuestra propia sexualidad. Es como la causa y el efecto, es buscar las perspectivas de diferentes experiencias personales y muy privadas que se nos han privado a la mayoría de las mujeres para mantenernos lo más ignorantes posible, bajo el viejo concepto de pureza, por normas sociales, morales, religiosas, leyes y reglas hechas e impuestas por hombres muy egoístas y altamente machistas, inseguros de sí mismos, que sí han experimentado el mundo maravilloso de sentir, del placer y la satisfacción que se nos podría abrir en nuestras mentes si pudiéramos vivirlas.

Abrace a su propia sexualidad, regálese usted misma esa oportunidad que todos le han negado, para que deje de pasarse la vida preguntándose:

¿Cómo será estar con otro hombre?

¿Por qué no lo hice?

¿Realmente he tenido una vida sexualmente feliz?

Pregúntese a usted misma:

¿Soy feliz como estoy… O tengo miedo?

¿Yo sería capaz de vivir una aventura deliciosa o semejante travesura?

¿En verdad no me gustaría estar con otro, con ese… Que tanto he deseado?

Piénselo bien y sea honesta con usted misma, solo usted tiene dentro de su corazón todas estas respuestas.

Las mentiras masculinas, mastetonas y masculonas...

No hay mejores maestros en este tema que los hombres, ellos son tan infieles y mentirosos que son capaces de desayunarse con una mujer y cenar con otra como si fuera lo más normal del mundo. Brincar de una cama a otra y poner la misma cara de amor, es para ellos una simple rutina en sus vidas, y más ahora con los celulares, saliendo de acostarse con una se están reportando con la otra para mantenerla ansiosa y disponible, por eso hay que saber observarlos y escucharlos, para aprender a mentir con la más natural de las expresiones, una vez que sea capaz de enfocarse y desinhibirse, usted fluirá de igual manera y comprobará cuál es la respuesta verdadera o falsa, tan igual como en esos *test* que vemos en las revistas.

1. La «gran mentira» por excelencia, la número 1 y la más usada es: *TE QUIERO MUCHO.*

Y mucho más si se la dicen haciendo el amor, en este caso, aparte de copiarla, le agregaremos: *«Nunca había estado con un hombre como tú»*, de esta forma lograremos una mejor erección para nuestro disfrute.

2. *No es lo que tú estás pensando* (el gran clásico de todas las épocas)

FALSO, es exactamente lo que usted está pensando y viendo, aun cuando usted en el segundo siguiente le vea «la palometa dormida», no está dormida, simplemente se le desmayó del susto y con suerte para usted, se le murió de la impresión y el traidor quedó impotente (bueno por unos días, no se haga muchas ilusiones), así que sólo observe bien todos los detalles para poder actuar igual de sorprendida cuando la agarren a usted en una posición contraria, y pueda decir con mayor dramatismo y bañada en llanto (que para eso nadie nos gana): *«él me estaba violando… No es lo que tú estás pensando…»* y usted rápidamente hágase pellizcos para crearse moretones, disimuladamente, apriétese el cuello como si la hubieran estado ahorcando, todo para confirmar su versión más adelante, aproveche muy bien esos minutos mientras su esposo le cae a golpes a su «amante violador.»

3. Cuando escuche: *Tranquila mami, que eso no te va a doler.*

FALSO, apriete ese culito, que a menos que esté medio borracha, muy relajada y lubricada, SÍ LE VA A DOLER.

4. *Entre mi esposa y yo ya no hay sexo, estamos juntos por los hijos.*

FALSO, los hombres casados «SÍ» tienen relaciones sexuales con sus esposas y más a menudo de lo que usted piensa, de hecho si la esposa es la que no quiere sexo con ellos y si lo desea tener con Antonio Banderas, entonces él tratará por todos los medios, tener sexo con ella hasta lograrlo. Hay otros hombres que al llegar de viaje lo primero que hacen es demostrar deseos por tener sexo con su esposa o pareja, y la llenan de mentiras diciendo que la extrañaron y así la despistan. También están los que hasta el día que la esposa, harta, los saca de su casa maleteados, tienen sexo con ella; sobre todo los que son más cínicos, mujeriegos y machistas. Si usted es «una de las amantes fijas» de este tipo de mentirosos, le aconsejo que busque un suplente para que disfrute de inmediato, y si la descubre verá usted que el mentiroso no está dispuesto a aceptar que usted tenga dos.

5. *No hay nada entre mi ex esposa y yo, solo somos súper amigos.*

FALSO, los súper amigos «SÍ» tienen sexo, para los hombres no hay nada más morboso, lujurioso y placentero que volver a tener sexo con su ex esposa, o con su ex novia, o con una deliciosa ex aventura de su pasado (aun cuando no sean amigos, y él diga que la odia, créame, más y más deseos guardará él hacia esa que dice odiar. El odio genera mucho morbo, lo reta a un sexo desenfrenado, en la mayoría de los casos muy placentero), es como sentir que aún controlan esa parcelita y nadie ha sido mejor que él arriba de ella.

6. *He estado muy ocupado, no he tenido tiempo de nada, yo te llamo la semana que viene cuando resuelva todo.*

FALSO, busque otra ruta que ahí esperando le saldrán plumas, el que quiere llamar llama, así tenga el mundo encima, no pierda su tiempo pensando en alguien que no quiere estar con usted, esta mentira es muy buena para que usted la aplique con uno de esos fastidiosos que nunca faltan.

7. *Te juro que no estoy enamorado de ella, solo fue una aventura, y te juro por mi mamá que está en el cielo… Que ya terminamos y no la he visto* *más...* Y finalmente utilizan el súper clásico: *Te juro que no volverá a suceder.*

VERDADERO, en verdad no está enamorado de ella, ya que nadie se enamora de una aventura o amante disponible, (averigüe también si la mamá realmente se murió o vive en una urbanización llamada: *Cielo*) pero es FALSO que ya terminaron y no se han visto más, puedo garantizarle que esa aventura está en su mejor apogeo y ya descubierto tendrá más cuidado, cambiará los horarios, será más cuidadoso, le excitará más lograr volver a jugar a lo prohibido sin ser descubierto, pero de que volverá a verla... De eso no tenga la menor duda y de que no lo volverá hacer, puede empezar a engañarse sola si quiere, ya que él estará curado y segurísimo que no morirá infartado si lo vuelven a descubrir, ya cruzó la línea roja, lo descubrieron y lo arregló, se hará el pendejo enamorado de usted por un tiempo, la llenará de detalles pero él seguirá con su aventura o con otra, si después de leer esto usted desea seguir con él, le aconsejo que se busque usted su aventura y haga igual que él: «NO SE ENAMORE», juegue el mismo juego que su pareja y disfrute sin enamorarse.

8. *Sabes que desde que te conocí yo he cambiado, porque tú me llenas plenamente.*

FALSO, los hombres no cambian sus patrones de SEXO, todo lo contrario, ellos no se «llenan nunca», ellos «se vacían» y si algo les encanta es la variedad para vaciarse, así que no sea idiota, dígale usted lo mismo y busque con quien serle infiel a él.

9. *Todos los hombres no somos iguales, yo sí soy «Fiel.»*

VERDADERO, nadie es igual y todos los hombres son diferentes, hay algunos que la actividad sexual no les atrae mucho (son un pequeño porcentaje, pero existen), otros tienen problemas eréctiles, pero es absolutamente FALSO que él sea fiel, ningún hombre es fiel y si no me cree, haga usted misma la prueba, contrate a una niña linda y bella, y dígale que se lo lleve a la cama, y verá qué tan «fiel» es. Si quiere cómprese un cronometro y verá de qué hablo, tal vez hasta su «fiel» rompa el récord olímpico. Una cosa es ser «fiel» y otra muy diferente es ser «muy discreto y hábil.»

Si aún no me cree, contácteme y hagamos una apuesta, que yo así, vieja y todo (para algunos, una niña para otros), le demostraré cómo soy capaz de llevarme a su hombre «fiel» a un hotel y allí en el *lobby* nos encontramos (bueno, por celular nos contactamos, ya que si su esposo está buenísimo, no me lo pierdo, y nos vemos después de... en el *lobby*, y le perdono la apuesta si quedo realmente satisfecha.)

10. *Mañana te «LA» traigo y tú misma le preguntas a ver si yo te estoy mintiendo.*

FALSO, pura manipulación para intimidarla, no se deje, impóngase y dígale que «ningún mañana, AHORA MISMO» vamos los dos a hablar con ella, ahí verá cómo comienza a sudar y gaguear, y aprovechará ese sudor y su cara pálida para hacer su mejor actuación, le hará creer que le está dando un ataque al corazón indignado; le aconsejo que ni llame al 911, obsérvelo muy seria hasta intimidarlo, para que le dé de verdad el ataque, y deje que se muera el desgraciado.

11. *Tú eres la única en mi vida en este momento, o es que no me ves aquí contigo.*

Tómese aquí cinco minutos de su tiempo para reírse antes de seguir leyendo y sírvase otra copa de vino. VERDADERO, claro que usted es la única en su vida en ese momento, a menos que estén haciendo un trío, nadie puede estar en dos lugares a la vez y por supuesto que usted es la única en ese preciso momento, pero espere a que salga el sol o anochezca y será otro cuento; cuando un hombre dice esta frase es porque ya siente que se le está enredando el volador y va con todo, con sus más valiosas y potentes mentiras, abra bien los oídos para que analice y aprenda lo que sigue después de esta frase, y algo muy importante:

copie muy bien todas sus expresiones y gestos para que usted luego las practique en el espejo.

12. *Solo la puntita.*

FALSO, esta es la más clásica de la adolescencia, (bueno por lo menos de mi época), ni antes y mucho menos ahora será solo la «puntita», créame que hasta por la espalda sentirá esa «puntita.»

13. *Con ella solo fue sexo, a ti te amo.*

VERDADERO, para ellos solo es sexo tanto con usted como con ella, y es muy FALSO que a usted la ame, ya que cuando se ama verdaderamente no hace falta tener sexo con nadie más, aun siendo hombre. Los pocos hombres que saben «AMAR» no quieren tener solo sexo, siempre buscan algo más. Así que apréndase esta «máxima y clásica mentira» por si usted es descubierta en cualquier infidelidad que cometa.

14. *¿¿¿Tú me crees capaz de arriesgar esta relación y la familia que hemos formado???* (Con cara de indignado, ofendido y dolido, apréndase muy bien esta cara, es una de las más difíciles de lograr.)

VERDADERO, ellos son capaces de arriesgar cualquier cosa, de hecho nunca piensan en lo que están arriesgando, ya que ellos verán cómo lo arreglan si son descubiertos, en esos momentos la cabeza de abajo es la que los controla por completo, ella es la que manda, a ellos les encantan los riegos y lo prohibido los excita aún más para, nuevamente, sentirse «El propio Gladiador Machetérico»* delante de cualquier mujer que les atraiga sexualmente, y si es una de esas mujeres o niñas que ni en sus más fabulosos sueños tendrían la oportunidad de tocar… Más rápido que un rayo, para descargar toda su masculinidad y potencia repotenciada con la más fabulosa y milagrosa *Viagra* para quedar como el «palomudo* del año», y pasar el mayor tiempo posible observándose su espadota del placer en plena acción.

Esta es una de las mentiras más convincentes con las que nos han engañado por los siglos de los siglos, así que apréndasela como si fuera una oración.

15. *¿¿¿Tú crees que con tanto trabajo, luchando por ese contrato en el que estoy enfocado voy a andar pendiente de mujeres???*
FALSO, los hombres cuando están bajo presión y buscando ser lo más exitosos posible pro-

---

*Machetérico provienen de «machete», en Venezuela aparte de usar esta herramienta en el campo para quitar malezas, es una palabra popular usada para nombrar al miembro del hombre al igual que «La paloma» que aparte de ser el pajarito de la paz en todas partes del mundo, es usada para denominar al mismo miembro que pocas veces genera dicha paz y fomenta muchas guerras entre parejas.

fesionalmente, cuando terminan una noche de estas... Buscan la forma de vaciar presión y la forma más placentera para ellos es con un buen polvo, o buscando a alguna que se arrodille entre sus piernas para observarla y sentirse más triunfadores y endiosados. (Forma clásica de alimentación del ego masculino.)

Usted tendrá que decir: Ni que yo fuera la Mujer Maravilla para conseguir tiempo para esas cosas, si en algo no pensé jamás, fue en tener sexo; en las noches caía como un plomo en la cama (pero del orgasmo súper delicioso que logró tener con ese perfecto y divino extraño que encontró.)

16. *¿¿¿Cómo se te ocurre pensar que te soy infiel así como estoy, sin dinero ni para tomarme un trago en la calle???*

FALSO, hoy en día la mayoría de las mujeres están emancipadas, y con dinero en mano y gastos de viáticos de sus propias compañías (incluyendo la habitación del hotel, o viven solas en sus apartamentos), ellas corren con los gastos si les gusta un hombre, de hecho hay algunas que hasta mantienen a sus amantes, hoy en día los papeles se han invertido en la mayoría de los casos, usted decidirá si desea mantener económicamente a un amante.

17. *¿Sabes a quien me encontré el otro día…? A fulanita, por cierto está gorda y medio feíta… Te mandó saludos.*

VERDADERO, sí se la encontró, y más cerca de lo que usted cree, tal vez sí, gordita y feíta pero no se perdió de la oportunidad de disfrutársela, sólo se lo está comentando porque alguien conocido lo vio con ella y está preparando el terreno por si le llega el chisme, despistarla, lo que es FALSO es que ella le haya mandado saludos (bueno algunas sí lo hacen), esta es una de las buenas mentiras por si a usted le provoca echarse una buena revolcada con uno de los mejores amigos de él, con ese que siempre le ha gustado.

18. *¿Dudas de MÍIII…??? ¡Te juro que no te estoy mintiendo!*

(Que flojera me da explicar esta… Sin comentarios). Cuando una mujer duda es por algo, tenemos un sexto sentido que ellos no tendrán nunca.

19. *Dame tiempo… Ya la voy a dejar, ella puede suicidarse, es una loca desequilibrada que me envolvió.*

FALSO, loca y desequilibrada quedará usted si no le mete un batazo por la espalda y le pone las maletas en la puerta en ese mismo momento, ¿se imagina la cara de un hombre diciéndole usted lo mismo de su amante?

20. *¿¿¿Cómo crees que YOOO me voy a enredar la vida con ese pedazo de PUTA???* (Otro clásico.)

FALSO, precisamente eso es lo que más le gusta, «lo puta que es». Hay hombres que utilizan el menospreciar, en su máxima expresión, a la amante para salir bien librados y no dejar ni la más mínima duda (total la supuesta puta no está ahí para oírlos). Esta mentira es muy poderosa, si la utiliza suavícela con algo así como: *¡¡¡Yoooo!!! Con ese gordo, calvo y feo…* (así el tipo sea medio flaco, peludo, medio bonito o busque que concuerde con su descripción), usted hable con propiedad y asco… *El día que te sea infiel será con un hombre de lo más parecido a un galán de cine.*

21. *Aún estoy en la oficina,* o *hay un embotellamiento de carros por un choque que ni te imaginas.*

VERDADERO, puede estar en la oficina, pero no dijo con quien, y el embotellamiento puede ser en un bar. FALSO es que haya un choque de carros alrededor de él. Estas dos mentiras son fabulosas para usarlas en las grandes ciudades, son de las facilitas.

22. *Deja los celos que sólo estoy con mis amigos y no estoy haciendo nada malo, duérmete tranquila que en dos horas estoy en la casa.*

VERDADERO, está con los amigos y sólo olvidó decir: *con algunas nuevas amigas,* y en verdad no está haciendo «nada malo», ya que eso no es malo, ¡¡¡eso es de lo más rico...!!! FALSO sería que él aceptara tranquilamente la misma respuesta si usted se la diera, ya que las mujeres casadas o noviecitas formales no pueden hacer lo mismo con sus amigas y amigos que decoran el ambiente del bar.

23. *Me voy con mis amigos una semana a un torneo de Golf / aventura selvática / de compra de mercancía a Miami.* (Esto es típico de ellos, sin preguntar se organizan unos recreos de siete o diez días fabulosos, sin importarles dejarla sola.)

VERDADERO, sí van más o menos a tomarse ese recreo, ya que creen que se lo merecen por tanto trabajo. FALSO es que solo disfruten de la compañía de los amigos (a menos que sean una pandilla de homosexuales) en estos recreos siempre están involucradas nuevas mujeres que conocerán en esas aventuras y no dude que disfrutarán de todas las oportunidades.

Le aconsejo que no desaproveche esta fabulosa oportunidad que le brindan la vida y su pareja, así que, organícese y disfrute al máximo esa semana de recreo para revolcarse con quien usted quiera sin ningún remordimiento de conciencia, y luego verá que los dos tendrán la misma cara de felicidad al terminar esa semana.

24. *Hoy sábado tengo una reunión súper importante, todo el día con un grupo de clientes extranjeros o del interior del país, tendré el celular apagado.*

FALSO, tiene todo un día preparado con su amiguita, desde tempranito, para complacerla y pasarse un día entero cual luna de miel: los dos solitos jugando a la parejita feliz.

Así que, aproveche usted su día de la misma forma y atrévase a disfrutar también ese día con esa aventura que siempre deseó tener.

25. *Dale... Dale... Sigue... Sigue... Que yo te aviso.*

FALSO, esta podría tener dos posibilidades, la primera es que ustedes se encuentren en un sitio público haciendo travesuras delante de la gente y él te avisará si alguien viene o si alguien está a punto de descubrirlos. La segunda posibilidad es que estén solos en la intimidad y él te avisará cuando él vaya a vaciarte su orgasmo, como regalo personal.

En ninguna de las dos posibilidades él le avisará, ya que poco le importa que lo vean siendo feliz, todo lo contrario, se sentirá como rey con su esclava sexual, para que los demás piensen en lo poderoso que es.

En la segunda alternativa lo más probable es que usted se lo trague *on the rock* (ya saben, las bolas que de *rock* no tienen nada), ya que ellos en ese preciso momento estarán tan en el cielo, disfrutando, que ni se acordarán que usted está ahí impulsándolo a que él toque la luna.

Y después de esta gran, y más fabulosa, mentira te dicen, todos felices, que eso es buenísimo para «tu cutis», para que luzcas increíblemente bella; eso, *mi vida, es pura vitamina, pura proteína, pura felicidad.*

Y me pregunto… ¿Por qué en las cremas tan caras que compro nunca leo que traigan especificado dosis de semen con altas propiedades antienvejecimiento? ¿¿¿Pura vitamina y proteínas ese pegote seco??? ¿Por qué entonces ninguna dieta lo incluye entre sus postres si tiene tantas propiedades? ¿Será que, científicamente, aún no se ha descubierto ese negocio…?

Voy a llamar a mi amiga «la científica caraqueña» para que analice profundamente esta maravillosa esencia antiarrugas y fuente de juventud, para ver si montamos un negocio tan lucrativo como el *Viagra.*

26. *¿Estás segura que era YOOOO???*

VERDADERO, era él y sólo él...

27. *Me quedé sin pilas, no había cobertura, se me perdió el celular, lo había dejado en el carro... En fin... Bla... Bla... Bla...*

28. *Pídeme lo que tú quieras... La luna y las estrellas, y te las bajo...*

Ni los astronautas pueden hacerlo, así que esto es más difícil que embarazar a un hombre.

29. *Yo no puedo vivir sin ti.*

Aquí si quiere puede carcajearse un buen rato.

30. *Jamás te faltará nada a mi lado, serás mi reina, la más feliz del mundo...*

Y así podría seguir con otra sarta de mentiras que ellos utilizan...

Los seres humanos somos complicados y contradictorios, tenemos una habilidad nata para engañarnos solos (más las mujeres que ellos), creemos mas rápidamente en una mentira que en una verdad. Yo conocí a un hombre que una vez le dijo a su esposa que venía de casa de la amante cuando ella le preguntó por qué había llegado tan tarde, ella inmediatamente le contestó: «Quisieras tú…», yo me quedé con la boca abierta, ya que yo sí sabía que él había dicho la verdad pero ella, que vivía en la luna y nunca pensó que sería tan descarado y cínico, no le creyó. Otro buen ejemplo es vernos defender a un político o candidato presidencial que sabemos de ante mano que nos está mintiendo, que es un verdadero corrupto y lo defendemos a capa y espada, si un político dijera la verdad no ganaría ninguna elección, ya que todos estamos como bobos escuchando lo que nos gustaría oír, aun sabiendo que es mentira, igual pasa con los hombres, sabemos que nos engañan pero nos hacemos las bobas para no enfrentarnos a nuestra propia realidad por la gran escasez de hombres que hay o por pura comodidad, por ese complejo de no ser felices sin un hombre al lado, de sentirnos desvaloradas si no lo tenemos; también el factor económico influye mucho, con tal de tener el carro último modelo, la casa, viajecitos, la cartera de moda y disfrazarnos de «señoras casadas muy pulidas y decentes», seguimos ahí con nuestra propia crucecita, total seguimos con el concepto de que todos cojean por algún lado o que más vale malo conocido que bueno por conocer, y como están las cosas, por lo menos con este tengo con quien salir a cenar y me ven acompañada.

Las esposas insatisfechas se hacen de la vista gorda para no perder sus privilegios, las novias socialmente presentadas están «siéndole súper fieles» a sus novios, maravillosos infieles y mentirosos, tratándolos con guantes de seda, ya que sueñan con que «ALGUN DÍA» él finalmente les dirá que vivirán juntos o se casarán con ellas para formar una linda familia; estas, al igual que las esposas resignadas, no son capaces de ser infieles (ellas son muy decentes) y pasan los años soñando a la «parejita feliz», estas noviecitas pierden, en el camino, tal vez otra oportunidad con otro hombre que tal vez sí llene todas su expectativas y las haga sentir realmente felices y respetadas.

Entonces, ¿por qué seguir con un hombre que después de un determinado tiempo sólo la usa a usted eventualmente como su sirvienta, su secretaria, su gerente de operaciones, su dama social de compañía, cuando él lo decide? Agarre un calendario y marque allí los días que usted ha sido realmente feliz con él, y analice qué planes tiene realmente con usted y comprobará que usted está allí como una «relación casualmente formal» sin ningún plan concreto a futuro, presiónelo para que se dé cuenta que usted esta ahí fiel a ese espejismo y comprobará que a usted sí

le han montado sus buenos cachos, cuernos o tarros, como a cualquier esposa. Comprobará que
usted es una más en la vida de él, tal vez la pre-
sentable pero finalmente una más, usted es una
mujer moderna y con mente amplia creyéndo-
le todos sus argumentos que solo lo benefician
a él, usted creerá que tiene otra mentalidad de
vida, pero la realidad es que por muy moderna
y generosa que sea con él usted está igualmente
engañada viviendo una mentira de relación que
mas allá de sexo casual, pequeños viajecitos, varias cenitas e idas al cine, no logrará más nada, ya
que usted es tan sólo «la dama de compañía en
turno de ese hombre.»

Conciencia vaginal

Las mujeres casadas, las amantes o novias fijas «creen» que por estar casadas o con pareja estable y tener relaciones sólo con su «hombre», están libres y muy tranquilas de contagiarse de nada, ya que la mayoría de estas «señoras» viven muy distraídas en sus funciones y en la luna creyendo todo lo que su adorado les dice, en sus mentes las infecciones son para las divorciadas, viudas alegres y solteras que se la pasan buscando hombres todo el día.

Pues déjenme informarles que la mayoría de mujeres contagiadas de sida en el mundo son las mujeres casadas o de pareja fija que le son «muy fieles» a sus adorados hombres, son las que más cargan con infecciones vaginales porque sus queridos no son, para nada, «cuidadosos.»

Tal vez usted crea que de aquí en adelante le estoy hablando en chino, ya que de seguro usted no ha oído hablar de: la *Gardnerella Vaginalis* (bacteria), la *Trichomona* (protozoo) o la *Candida Albicans* (hongo), la *Neisseria Gonorrhoeae* (gonorrea), Clamidias, Micoplasmas, Estreptococos, *Escherichia Coli*, Estafilococos y el Herpes (Virus.)

Y la mayoría de los síntomas son:

- Picazón, escozor e irritación de la vagina.
- Picazón, enrojecimiento e irritación de la vulva.
- Dolor al orinar y al tener relaciones sexuales.
- Secreción vaginal anormal que usualmente se describe como parecida al requesón, aunque la cantidad y apariencia pueden variar. Puede o no, tener mal olor.

Le aconsejo que comience a abrir los ojos y a analizar muy bien los cambios que experimenta su «loquita» si usted sólo está teniendo relaciones sexuales con su adoradito y maravillosito príncipe azul.

Los síntomas de las infecciones por hongos son similares a los de otros tipos de infecciones vaginales. Las enfermedades de transmisión sexual están aumentando en todo el mundo, las enfermedades venéreas tradicionales, la sífilis, la gonorrea y el chancro son a menudo las más temidas, pero si se las diagnostica a tiempo, pueden ser curadas por completo. Cualquier enfermedad

que pueda pasar de una persona a otra
de contacto sexual se denomina enferm(
transmisión sexual. (ETS)

También están las Verrugas Vaginales, que son protuberancias blandas de apariencia verrugosa en los genitales, causadas por una enfermedad viral cutánea y son un tipo de enfermedad de transmisión sexual o ETS.

El virus responsable de las verrugas genitales se llama Virus de Papiloma Humano (VPH), el cual puede producirlas en el pene, la vulva, la uretra, la vagina, el cuello uterino y alrededor del ano.

Los siguientes factores ponen a una persona en alto riesgo de desarrollar verrugas genitales y otras complicaciones del VPH:

- Tener múltiples compañeros sexuales.
- Desconocer si alguien, con quien se ha tenido una relación sexual, tiene una enfermedad de transmisión sexual.
- Iniciación temprana de la actividad sexual.
- Estrés y otras infecciones virales (como VIH o herpes) al mismo tiempo.

Si un niño presenta verrugas genitales, se debe sospechar de abuso sexual como la posible causa.

Y la más temida de todas:

El SIDA, es una enfermedad causada por un virus llamado VIH que ocasiona la destrucción del sistema inmunológico de la persona que la padece.

- Transmisión Sexual: Las relaciones sexuales con penetración vaginal o anal, heterosexuales u homosexuales, pueden transmitir el virus del SIDA. Los contactos oro-genitales (contacto boca - órgano genital) pueden transmitir el VIH si hay lesiones en cualquiera de las dos zonas.
- Todas las prácticas sexuales que favorecen las lesiones y las irritaciones, aumentan el riesgo de transmisión.
- Las relaciones anales son las más infecciosas porque son las más traumáticas, y la mucosa anal es más frágil que la mucosa vaginal.

Jamás permita que después de una penetración anal su pareja quiera también penetración vaginal, solo si este ha usado un condón y se lo retira podrá entrar en su vagina, de lo contrario usted se estará exponiendo a una fuerte infección.

El riesgo de infección por SIDA aumenta con el número de relaciones sexuales, pero una sola puede ser suficiente. El riesgo de transmisión es mayor en el sentido hombre-mujer que en el contrario, mujer-hombre.

- Si la mujer tiene la regla aumenta el riesgo (a causa del flujo de sangre)

Los besos profundos y la masturbación entre la pareja «NO» transmiten el SIDA, siempre que no existan lesiones sangrantes que puedan poner en contacto sangre contaminada con lesiones del eventual receptor.

Aunque la prueba se realice de una manera periódica, y sea negativa, se deben tomar todas las medidas preventivas cuando se está expuesto a situaciones de riesgo. Es fundamental el uso de los preservativos y el evitar compartir agujas y jeringuillas. Tanto más, cuando la prueba es positiva.

Por todo esto deberíamos tener presente que: los tratamientos actuales no dan la seguridad de que pueden erradicar el VIH aun cuando se detecten precozmente. Aquí no ocurre como con la lúes (sífilis) o la gonorrea, un contacto sospechoso no se puede subsanar con una dosis de antimicrobianos. Por eso, el sexo seguro sigue siendo la mejor práctica para evitar un posible contagio de las Enfermedades de Transmisión Sexual, entre ellas el SIDA.

No se puede decir: da igual, mañana me tomo los antirretrovirales y solucionado... Además en la actualidad los tratamientos no se venden en las farmacias, tienen muchos efectos secundarios o indeseables, de gravedad variable: no siempre será fácil acceder a ellos, y de paso, son súper costosos.

Los seropositivos, mientras no se demuestre lo contrario, siguen siendo portadores del VIH aunque su carga viral sea indetectable. Por lo tanto, deben evitar la transmisión del virus a otros, adoptando o reafirmando practicas seguras; a su vez, podrán evitar reinfecciones.

Prevención de la transmisión sexual del SIDA

No existe ningún signo exterior que permita conocer si una persona es seropositiva o no.

Por lo tanto ante personas no conocidas, con las que se vaya a establecer una relación sexual, puede ser positivo valorar las consecuencias que puede tener la relación.

- Una relación ocasional, un solo contacto, puede transmitir el VIH.
- Debería tomarse tiempo para conocer a la pareja e intimar, preguntarse sobre comportamientos pasados y actuales.
- Las relaciones sexuales, homo o heterosexuales, comportan un alto riesgo de transmisión del virus del SIDA.
- La presencia de otras enfermedades de transmisión sexual y lesiones genitales, favorecen la transmisión del virus.
- La mayoría de las personas infectadas lo han sido en una relación sexual.
- El contacto de la boca con el esperma o las secreciones vaginales, suponen un riesgo de transmisión cuando existen lesiones en la boca.

• La penetración anal es la que supone mayor riesgo.

¿Qué se puede hacer a pesar de todo?

USAR PRESERVATIVO O CONDÓN Y HACER QUE LO USEN. El preservativo o condón es eficaz en la prevención de todas las enfermedades de transmisión sexual (ETS).

El preservativo o condón masculino:

1. Comprobar su fecha de caducidad y retirarlo de su envoltorio, con precaución de no deteriorarlo.
2. Colocárselo en el pene en erección antes de cualquier penetración.
3. Si carece de depósito, crearlo dejando un espacio libre de 2 cm a lo largo de la punta del pene y apretar la punta del depósito para expulsar el aire.
4. Desenrollar el preservativo hasta la base del pene.
5. Para evitar que el esperma se derrame, hay que retirarse y retirar el preservativo sujetándolo por la base antes de que el pene se quede flácido.
6. El preservativo se debe utilizar sólo una vez y posteriormente tirarlo a la basura.

7. Evitar utilizar lubricantes de base grasa, como la vaselina, ya que pueden deteriorar el látex.

El preservativo o condón femenino:

Consiste en una fina bolsista plástica con un anillo flexible en sus extremos; el anillo más pequeño se introduce en la vagina, apretándolo para darle una forma alargada y con un dedo se empuja hacia el interior con el fin de adherirlo al cuello del útero. El otro anillo queda fuera de la vagina.

Al igual que el preservativo masculino sólo debe utilizarse una sola vez.

Y aquí mis queridas amigas les dejo toda esta información que podrá encontrar en Internet, en los sitios médicos y fundaciones para la prevención de dicha enfermedad mortal, para que la analicen y sean más precavidas, ya que a las mujeres siempre se nos ha dado la responsabilidad de cuidarnos, ya que la típica frase de: *Yo pensé que tú te estabas cuidando, que tomabas pastillas para los embarazos no deseados,* ha quedado sin utilidad en estos tiempos, porque el hombre sigue despreocupado y muy irresponsable en todos los sentidos a la hora de tener sexo, acuérdese que «esa cabeza de ellos» no piensa, ni razona, ellos están muy pendientes de comprarse «la pastillita» para cargarla siempre en la cartera, en el carro o en algún escondite secreto, pero son incapaces de andar con sus «condones», ya que no les gusta usarlos, créame que la mayoría de las mujeres divorciadas o solteras que tenemos «sexo casual» sí andamos con un ramillete de condones en nuestras carteras, «en todas», en las del día y en las de la noche, y prácticamente hay que obligar a los hombres a que se los pongan.

Por lo tanto, le aconsejo que deje de estar creyendo que porque usted es una «Señora casada o novia fija representativa» está libre de cualquier infección o de contraer un SIDA, ya que como le he dicho «ningún hombre es fiel» y como usted va a comenzar a ser infiel, empiece a comprar sus condones para que disfrute de esa nueva doble vida que va a iniciar pero con mucha responsabilidad.

Algún día dominaremos el mundo...

Sí, aun y cuando no lo crea, algún día las mujeres dominaremos el mundo... Y este es nuestro milenio, el de los grandes cambios para que la mujer haga de este planeta una hermosa realidad, pero será gracias a la ayuda de «HOMBRES INTELIGENTES Y DE MENTE AMPLIA QUE NOS IRÁN ABRIENDO LAS PUERTAS» porque siempre ha sido así, siempre ha habido un pequeño grupo de mujeres que luchan por cambiar las cosas, pero en la mayoría de los casos lo han logrado solo porque se han encontrado con hombres que las han comprendido y respetado, y ellos son los que las han ayudado abriéndoles las puertas de esta sociedad dominada por hombres.

No se asombre, porque lamentable o afortunadamente es así, ya que a las mujeres nos educaron para «DESTRUIRNOS ENTRE NOSOTRAS MISMAS» y en la mayoría de los casos somos «MÁS MACHISTAS QUE LOS HOMBRES.»

Ejemplos los tenemos todos los días y sobre todo en la política, no es que tengamos que apoyar a una mujer solo por ser mujer, pero cuando una mujer está capacitada en el ruedo político, va surgiendo a consecuencia de muchísimos esfuerzos y golpes bajos, tristemente las mujeres somos las primeras en colocarles obstáculos y destrozarlas con nuestras propias «lengüitas.»

Recuerdo el caso de Irene Sáez Conde, venezolana, fue *Miss* Venezuela y *Miss* Universo en 1981, una mujer preciosa que más allá de su belleza física demostró ser brillante e inteligente, y comenzó poco a poco a demostrar que estaba muy interesada en lograr una nueva Venezuela, más consciente de sus recursos humanos, políticos y sociales, logró ser Alcaldesa de uno de los Municipios de Caracas, Chacao; y en pocos meses aquel municipio se convirtió en otra Venezuela. Ella logró lo que ningún «Político-Hombre», en toda la historia de Venezuela, ha logrado hacer nunca, ni siquiera hoy en día. Ella logró: «Hacer cambiar de ACTITUD al venezolano», ya que todo aquel que traspasaba los límites de dicho municipio se comportaba con respeto, cordialidad, educación y con otra actitud durante el recorrido o su permanencia en dicho espacio, era como entrar a la Venezuela que todos soñábamos y al salir de Chacao era como entrar a la Venezuela que siempre hemos tenido.

Por supuesto fue reelegida y luego se lanzó como candidata presidencial en las elecciones de 1998 compitiendo también con el señor Hugo Chávez Frías, (que de señor tiene poco). Irene estuvo los primeros seis meses a la cabeza en las encuestas, pero al final solo logró 3 por ciento de los votos. Cuando estaba encabezando con fuerza las encuestas, las mujeres se horrorizaron y fueron ellas, las propias mujeres, quienes comenzaron a burlarse de ella; "SÍ», las mujeres venezolanas junto con otra mayoría de hombres machistas, brutos y acomplejados, fueron los que comenzaron a ridiculizarla, haciendo los mil y un chistes: que ella pondría espejitos en todos los semáforos para aprovechar y pintarnos los labios, que cambiaría el Himno Nacional por la canción de *Miss* Venezuela, que no estaba preparada, que iba a mandar a pintar todas las casas de rosadito para que se pareciera al mundo de la Barbie, que era muy joven, que no tenía roce político ni gran experiencia, que no era su momento, que una cosa era un municipio y otra un país... Yo sólo sentía indignación al ver lo crueles que podemos ser las mujeres contra nosotras mismas, hasta llegué a escribir un artículo titulado: «*Todas contra Irene*», por supuesto nadie quiso publicarlo y hasta lo envié al comando de campaña de ella pero nada sucedió, en fin eso no es importante ahora, puedo decirles que hasta mis amigas se cansaron de burlarse de mí por defenderla y votar por ella en esos tiempos; hoy quiero decirles a toda ellas y a toda Venezuela que ojalá Irene Sáez hubiera ganado en vez del señor Chávez, estoy segurísima que Irene hubiese gobernado cinco años de una forma democrática, gerencial y participativa, no como ahora que tenemos un Consejo Electoral totalmente parcializado, viciado y con unas maquinas de votación investigativas y con un programa diseñado para que en cada elección diseñada, el Señor Chávez gane con más votos que los esperados, que curiosamente nadie en Venezuela celebra dichas victorias, todo lo contrario, un manto depresivo se apodera de todos los sectores.

Otra Venezuela tendríamos de haber ganado Irene Sáez Conde, ya que yo hubiese preferido un espejito en todos los semáforos para pintarme los labios, a ver cada día a esa cantidad de niños mendigos que hay en todos los semáforos haciendo acrobacias de circo gracias a la política del maravilloso presidente vulgar, autoritario y caricato que nos gastamos, que ha convertido a la mayoría de los venezolanos en pedigüeños en las puertas de los Bancos en vez de fomentar la meritocracia y el trabajo. Nos sigue pareciendo «muy normal» ver trabajar a millones de niños como embolsadores de comida en los supermercados y vendiendo periódicos o chicha en las calles, en vez de estar estudiando, haciendo deportes o simplemente jugando como debería ser.

Hoy en día hubiera preferido ver a toda Venezuela en diferentes tonos de rosado a verla como ahora: roja, rojita, empapelada con la cara de Chávez de norte a sur y de este a oeste, llena de basura y sin los servicios básicos, ya que nos acostumbramos a vivir como algo normal el no tener agua o luz unas dos o tres veces a la semana. Seguimos viviendo en una Venezuela sin ningún tipo de mantenimiento ni planificación en sus infraestructuras, donde sus vías terrestres a nivel nacional están en deplorable deterioro, viajar en automóvil por toda Venezuela es como hacer deporte de alto riesgo, y nuestro presidente salerosamente cual chiste nos manda a aplaudir cuando un viaducto se desploma por la desidia de sus gobernantes, pero él, generosamente regala a manos llenas petróleo, asfalto y chorros de dinero a otros países como si se tratara de su chequera personal, con el control absoluto en todos los poderes y el dólar, sin consulta alguna con los diferentes sectores del país y la corrupción en los mayores índices de la historia.

Un presidente que no acepta dialogo alguno y el que lo contradiga va preso.

Ahora cada día nos levantamos con cara de vergüenza ajena al escucharlo ofender e insultar a sus homólogos de diferentes países y nos horrorizamos de sus discursos disparatados a nivel internacional, dando pie para que el mundo entero tenga dentro de su programación televisiva un personaje bufoniano imitándolo. Antes decíamos que éramos venezolanos y nos relacionaban con la belleza de sus mujeres, ahora al decir: soy venezolano, es sinónimo de ser casi pariente de Chávez.

Ahora estamos siendo gobernados por una comparsa de resentidos sociales con dinero y poder, sin ningún tipo escrúpulos ni preparación ni para manejar una limosina, mucho menos un país, apoyados por militares complacientes y ciudadanos oportunistas, y créanme que he oído decir tranquilamente a algunas de mis amigas, muy profesionales y viajadas ellas, que si los demás gobernantes robaban anteriormente, ¿por qué no podrían robar estos que nunca han tenido buena vida?

Y es ahí donde pienso yo que aún no tocamos fondo, ya que mientras le des al pueblo «pan y circo» todo seguirá igual o peor.

Recuerdo haber leído en alguna oportunidad que el señor Bill Clinton ganó su primera presidencia en los Estados Unidos con el voto femenino, lamentablemente para los venezolanos, Irene Sáez perdió gracias a la falta del voto femenino, aun habiendo demostrado en dos periodos consecutivos que sabía gerenciar, gobernar y armar excelentes equipos de trabajo con todo tipo de venezolanos independientemente de sus ideologías políticas, ahora si no eres chavista, eres excluido y despreciado. Ella no contó con el apoyo de la mujer venezolana, que sumado a otros intereses políticos y traiciones amorosas (mujer al fin), fue perdiendo popularidad en las encuestas, para que media Venezuela se volcara a apoyar a Chávez sin experiencia alguna, sin haber gobernado ningún Estado, ni siquiera una bodega y mucho menos una alcaldía. Por otro lado, el partido COPEI le retiró el apoyo a Irene, ya que viendo el desastre que se avecinaba con Chávez encabezando las encuestas, los políticos venezolanos se inventaron a un

Mesías a caballo llamado: Enrique Salas Romer, le retiraron el apoyo a Irene y se lo dieron a Salas Romer... Lo demás es historia, una triste y muy educativa historia.

Aún así, ella, luego se lanzó como gobernadora del Estado de Nueva Esparta (la muy conocida a nivel mundial Isla de Margarita) y ganó, pero las nuevas políticas del señor Chávez como presidente, prácticamente le quitaron todos los poderes a todos los estados no gobernados por chavistas y al igual que otros políticos dejaron a Irene con las manos atadas, se rindió, ya cansada de luchar, en el terreno político, contra la corriente, traicionada por un grupo de hipócritas (sin el apoyo que esperó en su momento, de «las mujeres venezolanas») y corruptos que impera entre los **POLÍTICOS HOMBRES** que nos han gobernado siempre en Venezuela.

Y aquí viene la parte educacional de la mujer, ya que nos han criado para no sentirnos satisfechas nunca, Irene por ejemplo, por más exitosa que era, pareciera que sin «casarse y tener hijitos» no estaría completa, y no la critico, ya que soy de las que pienso que se pueden lograr ambas cosas en la vida, solo que hay que encontrar a las asistentes convenientes y al compañero ideal, y creo que ella aún no lo ha encontrado por más que lo ha intentado en varias ocasiones (como la mayoría de nosotras), pero sí logró su sueño de ser madre, que estoy segura que no lo cambiará por nada, pero espero que algún día despierte de nuevo a esa mujer brillante e inteligente que demostró ser, y vuelva a su país a luchar por lograr esa Venezuela que tanto deseamos todos y a la que ella sabe gerenciar muy bien. Tal vez en la vida hay que lograr otras cosas antes de conseguir muchas otras, todo tiene su momento, espero que si ella algún día decide volver, las mujeres venezolanas no vuelvan a ser tan mezquinas y brutas como años atrás, y logren abrir sus corazones y su mente para apoyarla, ya que es una mujer bella y valiosa.

Con toda esta historia no quiero que piensen que soy fanática de ella ni mucho menos, jamás la he conocido, ni la he visto de cerca, por otro lado podría decir que no me gusta su estilo de Barbie y realmente me parece una mujer muy bella pero un tanto cursi para mi gusto, pero eso puede ser parte de su personalidad y se la acepto y respeto, pero eso jamás influirá en mí para saber reconocerle siempre sus logros, méritos y su gran valor, ya que hizo por Venezuela mucho más que «esas mujeres venezolanas» que se dedicaron a criticarla y a empañarle la gran labor y prestigio internacional que logró por y para su país.

He contado todo esto como ejemplo para que vean cómo podemos llegar a ser de mezquinas las mujeres, vivimos siendo maltratadas por los hombres en todos los aspectos y, sin embargo, seguimos creyendo en ellos para todo y más si son políticos. Hemos sido gobernadas por «**HOMBRES CORRUPTOS SIEMPRE**» y seguimos ahí soñando con que un hombre nos va a arreglar el país como si fuera cuestión de buscar a un «Gladiador o a un David Copperfield» que se va a enfrentar una gran batalla o que por arte de magia va a transformar al país, y si no miren al pueblo peruano, prefirió de nuevo a Alan García como presidente que darle la oportunidad a una mujer, sin embargo en Chile, sí logró la señora Michelle Bachelet imponerse, muy respaldada por el voto femenino y muy apoyada por un grupo de hombres que la respetaron y le dieron el espacio que se merecía por su trayectoria.

Yo soy de las personas que creo, y estoy absolutamente convencida, que Venezuela será realmente lo que todos soñamos cuando la mujer venezolana comience a gobernar en todas las áreas (gobernaciones, alcaldías, cargos ministeriales y presidenciales.)

Por otro lado, creo que es una verdadera lástima que muchas mujeres que tienen la maravillosa oportunidad de ser «Primeras Damas de sus países», no logren brillar por ellas mismas y pasar a la historia por los cambios realizados a nivel social, trabajando verdaderamente por las madres humildes y los niños. Parece que el ser primera dama de un país es un papel gris, donde la mujer más allá de vestirse a la última moda y recorrer hospitales con canastillas, eventos caritativos, inaugurar escuelitas, maternidades, ir a viajes presidenciales y ser un adorno muy fino del presidente de un país, se conforma con no figurar más allá de eso teniendo semejante oportunidad de vida y recursos para crear otra matriz en su propio país.

No entiendo por qué no se ponen un buen *blue-jeans* y una franela todos los días y trabajan duro junto a todas las esposas de los ministros y demás damas gubernamentales para hacer una verdadera Revolución Social, mientras sus maridos se encargan de los otros asuntos de Estado.

Pero, afortunadamente, siempre hay una luchadora por ahí, dando la talla y haciendo la diferencia, y me refiero a la señora Aguas Ocaña, española que se casó con el presidente de Honduras Ricardo Maduro, fuertemente criticada al principio por ser extranjera, y ridiculizada públicamente por una ex novia del presidente, que más allá de criticarla, esta ex novia no será nunca capaz de hacer lo que esta extranjera hizo por Honduras, pero Aguas Ocaña, sin rendirse, logró en su mandato ganarse el cariño y la admiración del pueblo hondureño y del mundo entero, ya que esta sí se puso unos buenos pantalones y zapatos tipo tenis, recorrió las calles de día y de noche para rescatar a los niños abandonados, mendigos y drogadictos, su labor fue duramente criticada por conseguir fondos monetarios de otros países, aguantó todas las críticas maliciosas hasta que todos en ese país tuvieron que reconocer su excelente labor, y se ganó el apodo entre el pueblo como «el Ángel de los niños». El periódico *El Mundo* resaltó en una oportunidad su gestión de la siguiente forma (aquí presentada en fragmentos ya que es bastante larga y tomé lo más valioso):

POPULARIDAD / LA «PRESIDENTA» DE HONDURAS
Aguas Ocaña
La dama sevillana de los parias
POR ALHELÍ QUINTANILLA

Lo mismo reparte ayuda gubernamental a una tribu indígena que recibe un cargamento de medicinas donadas por una multinacional. Igual entrega sillas de ruedas a un centenar de discapacitados que visita una cárcel femenina.

Tan pronto lleva juguetes a los niños pobres como se lanza a las calles para rescatarles de la mendicidad e internarles en albergues infantiles. La española Aguas Santas Ocaña Navarro es la primera dama de Honduras, desde su boda en octubre de 2002 con Ricardo Maduro, aunque más parece una ministra de asuntos sociales en toda regla que la esposa del presidente.

De esto último, ha predicado con el ejemplo y se ha hecho cargo de cinco niños que pretende adoptar. Los dos primeros, Leidy Jacqueline (de cuatro años) y Kevin Josué (de tres), fueron acogidos poco después de la boda. Pertenecían a una mísera familia de campesinos del oeste del país y estaban en un orfanato, a donde llegaron por presuntos malos tratos en el hogar y por un estado avanzado de desnutrición. Más adelante, Ricardo Rodolfo Maduro, presidente de Honduras, y Ocaña, recibieron a Jackie (de siete años) y a Francis y Joan (ambos de cinco años). Las dos últimas en acogida hasta que concluya el juicio por el asesinato de sus familias. Todos comparten el Palacio Presidencial con las tres hijas mayores del mandatario, Carolina, Cecilia y Lorena; fruto de un matrimonio anterior que duró 25 años.

De impecable presencia física (esbelta, rubia, elegante) y porte refinado, podría habérsela tomado erróneamente por una chica muy elitista y distante con los más humildes, pero su conducta ha sido la contraria: de trato sencillo y palabra cálida, ha resultado accesible y cercana, ha llorado escuchando sus penas, conmovido viendo su miseria, se ha ensuciado caminando por sus aldeas enlodadas y les ha abrazado y besado para reconfortarles. Los objetos de su atención son, con este orden: los niños, las mujeres y los ancianos. Eso le ha valido a la española el cariño de la gente, y unas cuotas altas de popularidad en un país donde el 70 por ciento de sus siete millones de habitantes es pobre, y el 44 por ciento vive en la pobreza extrema.

Pero como todos los cuentos de la vida real no terminan con un final feliz, esta valerosa mujer se divorció cuando terminó el mandato presidencial de su esposo y se fue a continuar su labor a favor de los niños en Nicaragua, donde actualmente vive, y la prensa de Honduras lo reseñó de la siguiente manera:

La primera dama dijo hoy a los periodistas que en las próximas horas viajará a Nicaragua, donde trabajará a favor de niños necesitados de ese país a través de una organización no gubernamental española, y que se llevará, bajo su tutela, a los doce menores que adoptó.

Agregó que piensa volver pronto, de visita, a Honduras, porque ha aprendido a querer al país y este le ha dado muchas satisfacciones personales, como la de ayudar a los niños en situación de riesgo social.

Y yo me pregunto: ¿cuántas primeras damas han sido tan valientes como esta, tan poco apreciada por su esposo, que jamás la apoyó y se divorció de ella? Estas son las verdaderas «nuevas» mujeres que están cambiando el mundo, las que en un momento dado miran más allá de su posición social, dejan de ser banales y son duramente criticadas pero no se rinden, y si les cierran una puerta, ellas abren otras, por eso hay que saber de ellas y aprender de sus logros. Mi respeto y admiración para la señora Aguas Ocaña.

Afortunadamente en la política, cada día hay más nombres de mujeres súper brillantes, trabajadoras incansables que no se rinden y cada vez que gobiernan son «reelegidas.»

¿¿¿Por qué será…??? ¿Será que lo hacen muy bien? La mujer que entra al terreno político trabaja en función social, arregla primero su casa (país) antes de arreglar las políticas internacionales, es conciliadora, sensible y no anda en busca de conflictos bélicos, pensando en comprar armas, por cuestiones de petróleo; trabaja y transforma con los recursos que cuenta, educa el material humano y busca, donde sea, el dinero para avanzar con los programas sociales, y lo que es más importante: la mujer «NO ES CORRUPTA», porque la satisfacción de ver modificado para bien su entorno «no tiene precio.»

Pero dejemos la política y volvamos al día a día, para que analicemos bien cómo somos, aún hoy en día, si nos enteramos que una mujer le es infiel a su hombre, somos las primeras en tildarla de inmoral, ¡¡¡pobre hombre…!!!

Si el hombre le es infiel a su mujer salimos a decir: «por algo será», de seguro ella no lo atiende, bien merecido lo tiene.

Cuando vamos a salir nos vestimos pensando en darle envidia a nuestras amigas, no nos vestimos para nosotras, ni para agradar al novio o al marido, nos vestimos para las otras mujeres.

Cuando tenemos una amiga que se divorció o quedó viuda, y la vemos toda renovada y súper sexy... Solo decimos: ¡¡¡está loca!!!, parece una puta, ahora se viste todo el tiempo como una niña, luciendo ridícula y desesperada para que los hombres se la morboseen, está pasada de promiscua.

Se cree que con esos senos que se puso va a conquistar el mundo (les garantizo, por experiencia propia, que unos buenos senos bien administrados ayudan a desenfocar y distraer al enemigo para poder abrir muchas puertas para tomar el control), cualquier día de estos verás cómo agarra un SIDA porque de seguro se acuesta con todo el mundo.

Le viste el color del pelo, parece paja, ¿y el maquillaje...? ¡¡¡De terror!!!

Ella no supo ser una buena esposa, no supo comprenderlo y saberlo llevar...

Vamos a ver qué va a hacer ahora que no tiene un hombre a su lado...

Yo me hago la loca... Y ya ni la invito a mi casa... No vaya a ser que me quite a mi marido.

Mucha risa en la calle... Pero quisiera ver la vida triste y sola que lleva al cerrar la puerta de su casa.

SOMOS UNAS ENVIDIOSAS, MEZQUINAS, MAL PENSADAS Y DESTRUCCTIVAS CONTRA

NOSOTRAS MISMAS, Y NO SOMOS TAN PER-
VERSAS NI DURAS PARA JUZGAR Y DESMO-
RALIZAR ASÍ A LOS HOMBRES, A ELLOS LOS
IDEALIZAMOS Y LES PERDONAMOS TODO,
Y LO QUE ES PEOR AÚN, VOLVEMOS COMO
TONTAS A CREER EN ELLOS DESPUÉS DE HA-
BERNOS HECHO MUCHO DAÑO.

Solo el día que cambiemos de ACTITUD CON
NOSOTRAS MISMAS, lograremos en verdad
conquistar al mundo, solo el día que nos apoye-
mos entre mujeres, en proyectos políticos, sociales, vecinales, culturales y familiares lograremos
cambiar las cosas.

Tenemos que abrir nuestra mente a todo nivel, aprender a escuchar a los hombres y a las
mujeres, y decidir por nosotras mismas quién es
coherente y correcto en sus argumentos.

Hay que buscar dentro de cada una un pro-
yecto de vida, somos valiosas y llenas de talentos
que no desarrollamos por estar más pendientes
del chisme, de la flojera, de los trapos, las carteras de moda y de los hombres que de encontrar-
nos a nosotras mismas; tenemos que buscar algo
que nos llene de satisfacción y dejar de estar ara-
ñándonos y destrozándonos, deberíamos creer
más en las mujeres que en los hombres, buscar la
forma de incorporarnos en cambiar nuestro entorno más allá de estar tan pendientes de cosas

banales, ser más conscientes de nosotras mismas tanto en la parte personal y profesional como en la sexual. Aprendamos a sentirnos mujeres seguras en todos los aspectos y verán cómo entonces sí lograremos conquistarnos individualmente, aprendiendo a trabajar en equipo, así sí lograremos cambiar al mundo.

Promiscua... ¿O más feliz?

PROMISCUO (A): *Se dice de la persona que cambia con frecuencia de pareja y solo busca el placer sexual en sus relaciones.*

En qué siglo se definió semejante pendejada, tendríamos que cambiar el calificativo de «Hombre» por «promiscuo», o sea: allá viene un promiscuo, el promiscuo tuyo ya llegó a la casa, cuéntame cómo es el promiscuo que conociste anoche, ese promiscuo no me gusta para presidente, anoche hice el amor con un promiscuo que está de un divino que te mueres, mi promiscuo sí sabe elevarme al cielo, él es el promiscuo de la casa... Y así hasta que se nos acabe el día.

Ustedes se imaginan a un hombre diciéndose a si mismo: Estoy pasado de promiscuo... Ya me he acostado con más de cien mujeres en mi vida.

¿¿¿Creen que alguno de ellos se crea en verdad un promiscuo???

¿Se sentirá alguno desvalorizado por haberse besado y acostado con tantas mujeres por puro placer y sin amor?

Por otro lado, más de la mitad del planeta está llena de promiscuos según esa definición (divorciados de ambos sexos), ya que quedan pocas mujeres que solo han estado con un solo promiscuo (pobrecitas, es como haber vivido la vida entera en dictadura o comunismo, como no han visto ni probado otro pajarito, creen que todos son igualitos y cantan igual, así como los cubanos que llegan de Cuba a Miami y entran en un supermercado, la impresión sería parecida) y ni que contarle lo promiscuos que son los varones antes del matrimonio y a escondidas después del juramento ese de: *Prometo serte fiel...* Una debería morirse de la risa en plena Iglesia cada vez que un hombre repite esa tremenda mentira delante de Dios y tantos testigos, ¿se imaginan si se escucharan los pensamientos de las personas en ese preciso momento, y que todas las estatuas de la iglesia se pudieran reír también?

Y la segunda parte de la definición es la más divertida, ¿se imaginan a dos personas haciendo el amor sin sentir placer? (Bueno algunas parejas lo viven a diario) o es por compromiso o rutina, o sería súper cómico tratar de no sentir placer para no llegar en la vida a ser un «Promiscuo.»

Hoy vamos a intentar hacer el amor sin sentir placer, ¡¡¡concéntrate!!! Uhhh...Uhhh...Uhhh... solo haremos el amor.....................................
.... Tengo como cinco minutos pensando como sería, y sólo me imagino mirando a mi pareja hablándonos, ya que si él tiene una erección es porque siente placer, así que no tengo ni que moverme, tampoco podemos besarnos, ya que los besos son muy divinos y sentiríamos placer, tampoco podríamos tocarnos, ya que sentiríamos placer .... ¡¡¡qué fastidio......!!! ¡¡¡Qué aburrido.................!!! Esto es peor que el sexo tántrico con el hombre invisible...

Mejor vamos a ser PROMISCUOS TODOS que eso es más divino, divertido y nos hace sentir a todos más felices.

Ahora les tengo otra maravilla del mismo concepto, pero este lo comentó uno de esos líderes religiosos «cristianos» que salen por televisión robándole el dinero a sus feligreses.

Una mujer promiscua es aquella mujer que se involucra en alguna inmoralidad sexual.

Una mujer puede convertirse en promiscua si:

1. Siendo casada engaña a su esposo con otro hombre *(En este caso sería una «adúltera».)*
2. Si siendo soltera se involucra en relaciones sexuales con otro hombre sin haberse casado con él *(En este caso seria una fonicadora.)*
3. Si siendo soltera se involucra en relaciones sexuales con otro hombre que ya esté casado *(En este caso seria una «adúltera».)*
4. Si siendo casada o no, se involucra en relaciones sexuales con otra mujer *(En este caso se le llamaría «lesbiana».)*
5. Si ofrece o vende su cuerpo por dinero *(En este caso sería una «prostituta».)*

Esta ha sido la eterna historieta con la que nos han envenado toda la vida a las mujeres para hacernos sentir culpables hasta de nuestros propios pensamientos.

Y yo me pregunto ¿Estos líderes religiosos habrán oído hablar de la «masturbación o el vibrador» que existen y se han utilizado como medios alternativos antes y después de Cristo respectivamente?

¿Cómo catalogarían a las mujeres que se masturban? (*¿Serían en este caso fornicadoras-masturbadoras?*) Lo cierto es que todo en la vida es una cuestión mental, somos patéticos, si creemos que nuestra pareja se masturba lo tomamos como algo natural, pero si por algún momento pensáramos realmente que está pensando en el vecino mientras se masturba... Ahí sí, nos desequilibramos, porque está siendo infiel, lo mismo la cantidad de hombres que saben que sus esposas o novias tienen uno o varios vibradores, realmente no les afecta, hasta permiten tenerlos en la misma alcoba o debajo de la almohada para usarlo cuando el promiscuo de la casa empiece a roncar...Y yo me pregunto: ¿Es permitido ser infiel masturbándose o usando un vibrador?

Estos hombres no piensan que se puede tener relaciones súper orgásmicas y toda una noche seguida, con «un cuerpo de bomberos completo, *mentalmente,* si lo deseamos.»

¿O es que yo soy la única loca con imaginación que sí pienso en alguien cuando hago esas cosas y los demás tienen la mente en blanco?

Constantemente me pregunto si las personas se esforzarán algún día para utilizar la mente en positivo más allá que para tenerla cerrada para que no se le vayan a escapar todas esas telarañas que tienen. Censuramos a las mujeres si salen desnudas, pero está permitido ver a las mujeres africanas o a las indígenas de alguna tribu completamente desnudas en televisión y otros medios de comunicación sin ponerle los cuadritos arriba de los pezones ni en ninguna otra parte...

¿Por qué a ellas no las censuran y a las demás sí?

¿Por qué si una mujer que está de lo más tranquila en una playa tomando sol en *topless*, siempre sale otra mujer a criticarla, habiendo en semejante espacio abierto, y maravilloso, tantas cosas que ver y disfrutar en vez de amargarse el momento con dicha crítica, mirando sólo a los senos de esa otra mujer?

Vivimos en una sociedad donde hablamos de tolerancia para erradicar palabras, para eliminar la discriminación y el sexismo, pero seguimos llamando promiscuas a las mujeres que desean tener libertad sexual sin ser tan duramente juzgadas, y sin querer ser 100 por ciento iguales a los hombres en dichos comportamientos; creo que hay que dejar de arrinconar a las mujeres para que se sientan libres, seguras y valiosas con sus decisiones personales relacionadas a su propia vida sexual.

¿Cuál es el problema de desear estar con diferentes hombres, experimentar y explorar diferentes sensaciones lujuriosas, biológicas y corporales?

¿Será tan grande el temor y los perjuicios internos arraigados a ser señaladas, criticadas y vejadas?

¿Será por eso que se venden tantos vibradores?

Y las mujeres aún prefieren estar escondiendo su sexualidad que disfrutar con personas reales que te van a hablar, susurrar, acariciar, abrazar y besar.

Pienso que es tiempo de dejar de ser tan dependiente de estos aparatitos y ser más valientes para disfrutarnos más como personas, sin importarnos lo que piensen los demás puritanos de nuestro entorno, créanme es más rico estar con alguien, que con un pedazo de plástico con pilas, total para el caso ninguno de los dos te ama, por eso hay que ser feliz de adentro hacia afuera.

La mujer a diferencia del hombre, es poseedora de un cuerpo totalmente orgásmico, ya que se llena, se excita, disfruta, goza, se envuelve, sueña y se transforma haciendo el amor. Somos multiorgásmicas en muchos sentidos, nuestros orgasmos son prolongados súper intensos, largos y seguidos, hasta podemos volverlos a tener con solo recordar el momento, y aun sin tener un orgasmo podemos tocar el cielo, algo que difícilmente el hombre logra hacer si no se vacía, pueda sentir o entender. Ningún lugar está lejos para hacer contacto con nuestra imaginación y transportarnos a donde queramos, nosotras abrimos un mundo completo de placer en todos los sentidos cada vez que nos entregamos a un hombre que nos mueve el piso, hacemos el amor más allá de solo tener sexo, sentimos de una manera más profunda y deliciosa.

Hoy en día quiero expresarle a las mujeres del mundo: que abran su mente a posibilidades de vivencias sin sentirse sucias o comprometidas, cada quien sabe hasta dónde quiere llegar, no se priven de esa travesura deliciosa, no vale la pena, todo lo contrario «vale la pena vivirla y disfrutarla al máximo», ellos nunca lo dejarán de hacer ni por usted, ni por sus hijos, la familia o todos esos deliciosos momentos vividos. Usted sólo tiene que desearlo, sin planificarlo mucho, aprenda a vivir el momento, el aquí y ahora, y verá cómo usted se transforma en otra mujer mucho más feliz y segura de sí misma, y hasta su relación con su esposo mejorará, ya que usted se habrá oxigenado; actuará y pensará, y se moverá diferente porque cada hombre te enseña algo nuevo, (bueno una buena mayoria porque a otros hay que enseñarlos… es por aquí, cruza a la izquierda y dale poco a poco hasta que sientas el paraíso.)

Yo fui muy fiel en mis dos matrimonios, jamás me besé ni mucho menos me acosté con nadie, siempre he sido una mujer muy fiel conmigo misma y mientras amo a una persona estoy con ella, tranquila mientras lo sienta de esa manera, pero cuando he sentido que esa persona me está haciendo daño, me está haciendo sentir infeliz, arrinconada, abandonada, entonces analizo mi situación, y aun amándolos, me he separado, las dos veces muy enamorada de mis esposos. En soledad analicé la actitud de ellos y la mía propia, y mis dos divorcios han sido porque ellos me hicieron sentir que ya no me amaban, y las dos veces me he divorciado amando a mis esposos, pero siempre amándome, de una u otra forma, MUCHO MÁS A MÍ MISMA.

Hoy en día puedo decir que SÍ me arrepiento de NO haber vivido ciertas aventuras por tener la cabeza y el corazón llenos de telarañas y prejuicios, erradicados, de una muy mala educación sexual, me arrepiento de no haber disfrutado de posibles buenas aventuras no vividas que se me presentaron en el camino personal de señora casada, las cuales con solo una mirada me revolvieron el alma, sí puedo decir que ninguno de mis dos ex se merecieron mi fidelidad y que lamentablemente, sin ser arrogante, ellos perdieron más que yo; también me arrepiento de haberme aferrado a tantos conceptos equivocados con los que me educaron tanto los colegios católicos como mis padres, de tantos miedos que arrastré en mi vida y de la poca experiencia sexual que tuve hasta los 44 años de mi vida.

Pero no cargo con traumas, ni rencores, ni culpo a nadie, siempre hago borrón y cuenta nueva. No arrastro con pasados tristes sobre mí, solo lo acepto como una serie de hechos que sucedieron en mi vida por mis propias decisiones o por diferentes razones, solo que hoy en día ya analicé todo lo vivido en este tiempo y vivo en una forma muy diferente y más abierta sexual y mentalmente, sin sentirme culpable, sin crearme rollos ni traumas innecesarios; estoy segurísima que no me voy a desvalorizar, todo lo contrario cuanto más desprendida eres sexualmente más creces en todos los aspectos, hoy estoy convencida que nada de esas cosas deliciosas que siento son pecaminosas, todo lo contrario, son súper ricas y me han hecho sentir mucho mejor en todos los aspectos, no hay nada más delicioso que hacer el amor con un hombre que te desea y se esfuerza por conquistarte para llevarte a ese momento sublime con absoluta libertad, olvidándose por completo del mundo exterior, solo vivir ese momento como dos seres maduros y adultos que se desean sin adornarlo ni estrangularlo con compromisos o promesas a futuro.

Hoy en día sé que puedo y disfruto, en un momento dado, por una serie de circunstancias, terminar con alguien en una cama disfrutando sin mayores consecuencias traumáticas, sin que me hagan sentir una mujer gastada o usada.

También disfruto de tener la posibilidad de cenar, compartir y conversar con amigos sin tener sexo, escucharlos he intercambiar ideas y es algo tan sabroso que también se le prohíbe a las mujeres casadas o emparejadas, esa libertad de vivir el momento sin dar explicaciones y sin preocuparme por «El qué dirán.»

Hoy en día después de lo aprendido y vivido tengo una máxima maravillosa en mi vida que reza: *Si los que me critican supieran lo que yo realmente pienso de ellos… Me criticarían mucho más.*

Tal vez por esa razón he escrito este libro, para compartir mis pensamientos con otras mujeres, ya que yo pasé por todas esas etapas de noviazgo, matrimonio, soledades, rutinas, celos, engaños, traiciones, problemas, familia, hijos, planteamientos sociales y dos divorcios llenos de las más espantosas circunstancias que jamás me esperé vivir, ya que me consideraba una mujer «políticamente correcta y muy decente según la sociedad y los religiosos» al igual que la mayoría de ustedes, montada en un pedestal creyendo muchas mentiras y defendiéndolas a capa y espada, llena de mis propios miedos, conceptos errados y la seguridad absoluta del amor de ese compañero que poco a poco se fue convirtiendo en mi más delicioso enemigo.

Hoy en día, Felizmente Divorciada, estoy totalmente despierta, no como antes que caminaba con los ojos abiertos pero más dormida que Morfeo; hoy veo todo sin telarañas, sin mentiras, sin frases ni colores falsos, no idealizo a ningún hombre, sigo amándolos pero de una forma más clara y muy dispuesta a volver a amar intensamente si se produce el chispazo de ambas partes, y también a volver a sufrir, si ese sufrimiento me va a dejar momentos de amor profundos que me harán crecer y vivir intensamente.

Tal vez muchas personas me consideren una «Promiscua», créanme que si siendo promiscua se logra sentir esta paz, seguridad, madurez, libertad y felicidad que he logrado... Pues cada día seré más promiscua, ya que cada día soy más feliz.

Mujeres islámicas

Anoche se produjo una verdadera revolución islámica en diferentes países del Medio Oriente, las mujeres tomaron el poder silenciosamente y coordinadamente amarraron a sus camas a sus esposos, hermanos y demás hombres con los que convivían; los despojaron de sus fusiles, metralletas, pistolas, bazucas y demás armamentos bélicos, y tomaron la televisión de sus países, se muestran sin ningún tipo de velo pero con sus acostumbradas «burkas», y pidieron ayuda internacional para romper con todas las reglas por las cuales han sido sometidas durante siglos.

En sus bellísimos rostros y en sus espectaculares miradas se puede observar claramente su fuerza mezclada con el pánico que ha representado semejante decisión, pero están dando un claro discurso de las razones, muy justificadas, que fueron determinantes para dicha acción.

Las imágenes en televisión, transmitidas en cadena mundial por CNN, son realmente «Impactantes e Increíbles», muestran a grupos de mujeres armadas arrinconando a millares de hombres amarrados y amordazados, encadenados y arrinconados en paredones, semidesnudos; otros solos en sus casas amarrados de sus camas y amordazados; hay también imágenes de mujeres semidesnudas que muestran claramente sus maltratos físicos. Todos los líderes religiosos y del gobierno están igualmente sometidos, hay grupos aislados de mujeres que van arrastrando a sus maridos por las piernas mientras los golpean con sartenes para que se callen por quejarse.

El mundo entero está impactado. La Cruz Roja y otras organizaciones están ya dispuestas a cooperar de inmediato con el llamado de esta revolución de mujeres islámicas que con valentía tomaron el control de sus vidas, para poder negociar con ellas todas las libertades exigidas y procesar penalmente a todos estos hombres por sus actos de barbarie a las que ellas han sido sometidas generación tras generación.

Por otro lado, CNN también muestra las imágenes de alegría de todas las mujeres y hombres del mundo que se han volcado a las calles aplaudiéndolas, celebrándolas, apoyándolas y deseosos de participar como voluntarios para ayudarlas en todo lo que necesiten. Ya hay grupos de personas organizadas que están aceptando donaciones en varias partes del mundo para enviarles lo más rápido posible comida, dinero, ROPA NUEVA Y BONITA, cosméticos, cremas, juguetes para los niños, libros…

¿SE IMAGINAN QUÉ FELICIDAD EL DÍA QUE ESTO REALMENTE SUCEDA? HABRÍA TAL ENERGÍA POSITIVA EN EL PLANETA ENTERO QUE NOS HARÍA SENTIR SÚPER FELICES A TODOS Y ESPERANZADOS EN CREER QUE SÍ VIVIMOS EN UN MUNDO MUCHO MEJOR DONDE SABEMOS LOGRAR VERDADEROS CAMBIOS.

Realmente es increíble el contraste que vivimos aún en este milenio, con tantos billones de dólares o euros que se gastan en convenciones de Derechos Humanos, ONU, Guerras petroleras y Fundamentalistas, organizaciones donde el 98 por ciento de los casos están lideradas por hombres que aún no se enfocan ni ejercen un verdadero liderazgo para erradicar con severas y auténticas medidas el «Abuso y el maltrato hacia las mujeres en todas partes de este planeta tan cibernético.»

Por supuesto que hay infinidad de grupos de personas trabajando en esto, pero los resultados son EXTREMADAMENTE LENTOS para la velocidad en que funcionan otras cosas diarias, políticamente hablando. Hombres de países del Medio Oriente que cierran grandes acuerdos comerciales en cuestión de meses, donde el dinero fluye como el famoso oro negro y se vanaglorian de poseer baños con griferías de oro, y de poseer a varias mujeres sometidas y compradas por sus lujos y caprichos, hombres muy brillantes para hacer negocios pero muy cerrados de mente para permitirles a las mujeres y a sus PROPIAS HIJAS pensar, hablar o simplemente VIVIR EN PAZ.

Hombres de mentes súper estrechas que hoy en día se tienen que sentar junto a mujeres de otros países para negociar acuerdos internacionales y permanecer callados y atentos mientras estas hablan, pero aun ellos no aceptan a sus propias mujeres ni siquiera como SERES HUMANOS.

La realidad es que todos estos países basan sus absurdos argumentos en asuntos religiosos, de cultura y creencias, sin dejar hablar a sus propias mujeres para saber realmente qué opinan y lo que es más importante: ¿Cómo se sienten ellas? Todo el día vestidas como unos zamuros negros que parecen sombras oscuras caminando sin esperanza alguna, la mayoría ciegas ya que la vista se les daña por las rejillas de tejidos que tienen frente a sus ojos, tampoco se les permite usar anteojos; mujeres que son abusadas sexualmente desde pequeñas, en fin... Da realmente terror y dolor seguir comentando esta barbaridad de abusos y vejaciones que aún existen en este preciso momento, el solo pensar en su sufrimiento actual me llena de indignación y tristeza.

Es realmente inconcebible cómo TODAS las religiones son enemigas de las mujeres en una forma intolerable y absoluta, interpretadas y dirigidas única y exclusivamente por hombres radicalmente conservadores e intransigentes, carentes de una verdadera espiritualidad y respeto hacia la creación más maravillosa de Dios, Alá o Jehová.

Líderes religiosos que viven en la más maravillosa abundancia y opulencia, como los grandes millonarios viajando por el mundo como si fueran unos reyes inalcanzables, muy bien planchados, con vestimentas extra lujosas bordadas en oro y plata dictando y dando sermones de doble moral, esperando que sus feligreses continúen creyendo en ellos mientras seguimos leyendo las reseñas de Amnistía Internacional todos los días, como estas (búsquelas en internet):

- A diario, un número incalculable de mujeres son brutalmente asesinadas en nombre de la tradición, la religión o la cultura. En todo el mundo se cometen crímenes terribles que son presenciados o perpetrados por parientes y familiares cercanos.

- Amnistía Internacional afirma que la violencia contra las mujeres es actualmente uno de los escándalos más vergonzosos en materia de derechos humanos en la sociedad de hoy en día.

- En Afganistán muchas niñas y adolescentes son obligadas a casarse. Algunas languidecen en una prisión, acusadas de cometer adulterio, por abandonar a maridos brutales o simplemente por querer casarse con un hombre de su propia elección.

- En todo el mundo, al menos una de cada tres mujeres ha sufrido abuso sexual en su vida.

- Hay países donde dos de cada tres mujeres asesinadas, lo son por su compañero, y hasta un 69 por ciento de las mujeres denuncian haber sufrido agresiones físicas en algún momento de su vida.

- En Ciudad Juárez, Chihuahua, México, 370 mujeres jóvenes han sido asesinadas en los últimos diez años. Al menos un centenar de ellas sufrió abusos sexuales. La policía no ha investigado correctamente los hechos y ha falsificado pruebas y los autores de estas muertes han quedado sin castigo.

- Cuatro millones de mujeres presentan anualmente denuncias oficiales por abusos en Rusia, y dos millones de niños se escapan de casa huyendo de ellos.
- La violencia doméstica no se considera un problema grave en Rusia. De hecho es un tema tabú, aunque miles de mujeres mueren cada año a manos de un miembro de su familia.
- Una mujer cuenta cómo ha sobrevivido a la violencia doméstica en Namibia.
- Las mujeres en situación de conflicto están especialmente expuestas. En la República Democrática del Congo, los grupos armados han violado a decenas de miles de mujeres.
- «Cinco soldados me violaron aquí, en la frontera entre Ruanda y el Congo. Me quedé muy, muy débil, y un anciano me llevó a su casa. Allí descansé y después volví a la mía. Mi esposo me dijo que no era una buena mujer, que podía haber evitado la situación.»
- Muchas jóvenes viven con miedo a sufrir represalias violentas. Una amnistía reciente permitió que 21 mujeres salieran de una prisión. A una de ellas la mataron al salir.
- *Women's Voice*, La voz de las mujeres, organización que ofrece apoyo y asesoramiento a las mujeres más pobres de la India.

- En Jordania, prácticamente todos los asesinatos de mujeres pertenecen a los llamados crímenes por motivos de honor.

- La «burka» es como una cárcel, da calor y aísla. Las mujeres no pueden reconocerse, es un símbolo terrible que resume muy bien la situación. Pero esas molestias serían soportables si las mujeres pudieran estudiar, trabajar, recibir atención médica o defenderse legalmente cuando reciben malos tratos.

- «Tenía a mi hijo en el regazo cuando él irrumpió en casa bramando y despotricando. Nadie sabía muy bien de lo que estaba hablando. Me plantó una bofetada en la cara y todo el mundo se quedó boquiabierto. Yo también, porque, aunque ya lo había hecho antes, esta vez no hubo tensión previa y por eso me acuerdo tan bien. Mi hijo rompió a llorar, tenía dos años, y empezó a decir: "perdón, perdón, perdón». Todos los que estábamos allí nos echamos a llorar. Creo que eso resume cómo les afecta a los niños, se echan la culpa de todo. Sólo tenía dos años y ya pensaba que tenía que ver con él.»

Lo realmente indignante de la violencia contra las mujeres es que ocurre en todas partes del mundo, con independencia de la clase social, la cultura, religión o el origen. La gente solo se limita a decir: «Si lo aguanta será porque quiere». Pero eso no significa que lo quiera. Significa que se siente absolutamente desamparada por el Estado y los familiares.

Hablar de violencia contra las mujeres en realidad es hablar de impunidad y desigualdad, de poder y de prejuicios, de la falta de voluntad para resolver el problema. Por eso, lo que decimos en nuestras campañas es que la violencia contra las mujeres tal vez sea universal, pero no inevitable.

Claro que mi principio del capítulo sería una solución maravillosa, pero es una gran utopía aunque dándole la vuelta y cambiando de estrategia, creo que sí sería posible y más humano dejar de gastar tanto dinero en guerras y convenciones, y poder utilizarlo correctamente a la hora de «invadir un país antes de destruirlo», hay formas de logística para entrar con tanta tecnología y someter sigilosamente a todos los hombres o a la gran mayoría de ellos de una forma coordinada e ir evacuando a mujeres, niños y hombres sometidos antes de bombardearlos sin previo aviso, eso sí sería increíble, que todos los países se unieran para rescatar a todos esos seres humanos que en verdad desean vivir en santa paz y libres. Seamos inteligentes a la hora de ayudarlos, y ahí sí estoy de acuerdo en bombardear a todos los radicalistas y fundamentalistas, exterminarlos y luego, entre todos, regresar a toda la gente a su país, ayudarlos a reconstruirlo, a reeducarlos, a que se sientan seguros para comenzar una nueva vida más renovada y actualizada, pero dudo mucho que con las estrategias que se han usado hasta ahora, se pueda lograr paz más allá del odio y el resentimiento que sí crece cada día con más fuerza.

Tampoco entiendo cómo hay mujeres que viven fuera de sus países y aún se permiten a ellas mismas andar vestidas con tantas restricciones, todas tapadas con SOLO el rostro descubierto como la gran liberación, mirando y viviendo a su alrededor otra realidad, cómo esos esposos de esas mujeres aún no abren sus mentes y le dan el verdadero valor que ellas, estoy segura, están deseando en el fondo de sus corazones, cómo estos hombres no sienten vergüenza al ser observados como machistas, ellos andan vestidos como cualquier hombre occidental con shorts, camisetas o ropa de última moda.

Tampoco entiendo muy bien a la variedad de clases de mujeres que viven en Jordania, en varios niveles de pensamientos y categorías, unas aún altamente sometidas teniendo enfrente de ellas, diariamente, a una mujer «súper moderna y actualizada» que está haciendo una labor, en su país, extraordinaria, sumamente bella, brillante, educada, muy decente y catalogada como una de las reinas más elegantes del mundo, extremadamente femenina, que transmite la paz, alegría y humildad de las mujeres islámicas felizmente casadas, en un absoluto contraste con las mujeres que estamos acostumbrados a ver.

Por supuesto me refiero a la reina Rania de Jordania casada con el rey Abdullah, que afortunadamente cuenta con un esposo que además de ser rey es un extraordinario hombre, maravilloso compañero de vida que la escucha, la ayuda y sabe que la necesita para cambiar, en la dirección correcta, a su país; este hombre «INTELIGENTEMENTE BRILLANTE», es un ejemplo de que sí hay hombres islámicos con mente amplia y abierta a los cambios, hombres que saben abrirle en verdad las puertas a las mujeres, como auténticos caballeros y, sobre todo, es un hombre valioso que sabe «RESPETAR, APOYAR Y AMAR A SU MUJER, A SU FAMILIA Y A SU PAIS.»

¿Cuánto valgo?

Estoy segura que muchas jóvenes de las nuevas generaciones no saben qué significan las palabras «Dote y Arras», algunas afortunadas ni habrán oído jamás estas palabras y se horrorizarán al saber sus significados.

DOTE: 1. Conjunto de bienes o dinero que aportaba la mujer al matrimonio, o del que dispone para casarse. 2. Conjunto de cosas que entregaba una profesa al convento o a la orden en que ingresaba como religiosa. 3. DOTES: Conjunto de cualidades de una persona o cosa. Dotes de mando.

ARRAS: 1. Conjunto de 13 monedas que en algunos lugares el novio entrega a la novia en la celebración de la boda. 2. Suma de dinero que una parte entrega a la otra en el momento de efectuar un contrato para asegurar su ejecución.

Dicha dote, por parte de la mujer, tenía que venir también muy bien acompañada con «La Virginidad» de ella, que era considerada el regalo más puro y valioso que cualquiera podría entregarle a un hombre el primer día de matrimonio.

Suena a historias del siglo antepasado pero lamentablemente se vivió con ese peso prácticamente todo el siglo pasado también, y aún hoy en día quedan un grupo de súper conservadores, fundamentalistas y puritanos que siguen creyendo en dichos regalitos. También están las mujeres que se lo mandan a reconstruir para complacer a su hombre... (Sin comentarios), dichosos los médicos que cobran por semejante estupidez y quién sabe si no le hacen nada e igual les cobran... Todos los días sale una pendeja a la calle... El que la encuentre es suya, (así dicen en mi tierra.)

A qué clase de morboso se le pudo ocurrir que una pequeña membrana que ni se ve, podría ser un regalo valioso, ¡¡¡Hombres!!! Que descubrieron el placer que se sentía en el momento de tener relaciones sexuales y de una forma egoísta inventaron el cuento de «La Virginidad» para darle «más o menos» valor a una mujer, como si se tratara de una fruta buena, medio madura o podrida, querían mantener a la mujer lo más ignorante posible en su sexualidad; (igual como los políticos mantienen a los pueblos), ellos sí podían tener relaciones múltiples pero querían que la mujer que se convirtiera en su «propiedad» fuera lo más pura, virgen e ingenua posible, para desflorarla sin que ella tuviera ningún tipo de referencia sexual con otro varón, tal vez más placentero que él; ese ilimitado egoísmo e inseguridad de los hombres que arrastran desde chiquitos, nos los han endosado a nosotras las mujeres, también por los siglos de los siglos.

Por eso los hombres que comenzaron a gobernar el mundo, en especial los sacerdotes, crearon la forma más cruel de hacer sentir culpable a sus feligreses, en especial a las mujeres, ya que la culpa como base del miedo funcionaba perfectamente, sin culpa no hay miedo y sin miedo no hay Iglesia ni religión, el temor a Dios, a pecar, a ser promiscuas, adúlteras, infieles…, en fin, nos envenenaron el alma y el autoestima hasta antes de ayer.

Afortunadamente las cosas han cambiado mucho (en el 80 por ciento del planeta) como ya sabemos, gracias a todas esas mujeres valientes, fuertes e incansables que revolucionaron con muchos cambios en la mitad el siglo XX, logrando romper con absurdos patrones de una forma históricamente valiosa, donde se comenzaron a abrir muchas puertas que ningún hombre se atreverá a cerrar nunca más, ya que la mujer se impuso y recuperó su «dignidad» para dejar de ser vendidas como ganado, humilladas y engañadas.

Irónicamente pareciera un juego del destino el ver cómo en las Cortes Europeas y en el Imperio Japonés, los nacimientos de los hijos de los príncipes con derecho al trono están naciendo en su mayoría «niñas», poniendo a pensar a los congresistas y letrados, buscando la forma para cambiar las viejas leyes absurdas altamente machistas donde solo los hijos varones podrían reinar y gobernar.

Hoy en día nos toca a cada una de nosotras seguir renovándonos y creando una nueva generación de mujeres y hombres sin perjuicios, tabúes, traumas emocionales ni sexuales.

Comencemos por dejar de estar castigándonos y castigando constantemente con nuestros dañinos comentarios y pensamientos.

DEJEMOS DE DECIR ESTUPIDECES COMO ESTAS:

- *Una mujer no esta completa si no tiene hijos…*
  Es uno de los argumentos más absurdos que he oído, primero me parece una brutal falta de respeto para todas esas mujeres que sí los

desean y no los pueden tener, es como restregarles en la cara que se quedarán incompletas por siempre o que nacieron defectuosas, por otro lado no ha pensado que hay mujeres que simplemente no desean ser madres, simplemente por convicción personal decidieron no tenerlos ¿O es que acaso la mujer solo estará completa si viene un hombre y la embaraza?

De no ser así será una mujer incompleta que deambula por la vida...

• *Pobrecita... se quedó sin casarse...*
No ha pensado que: ¿Tal vez fue muy afortunada? Y la pobrecita fue usted que sí se caso.

• *Muy ejecutiva, muy exitosa profesionalmente pero no tiene esposo...*
Raro es el hombre que se casa con una ejecutiva o mujer muy exitosa, pocos están preparados para saber amar a una mujer brillante, usted no tiene ni idea de cómo se puede llenar una de estas damas emocionalmente, la vida deliciosa de viajes donde su visión del mundo y las cosas no la limitan, todo lo contrario, tiene una vida muy plena y tal vez sexualmente mucho más satisfactoria que usted aun sin tener «un esposo egoísta como el suyo.»

- *Pobrecita... se ha casado varias veces pero no ha encontrado al gran amor de su vida que la haga feliz...*

  Afortunada, ella sí ha tenido la oportunidad de tener una historia personal más amplia para saber y tener puntos de referencia en cuestiones de parejas, déjeme decirle que por lo general cuando uno se casa lo hace porque siente que esa persona es su gran amor, y por lo general nadie se casa pensando en divorciarse, por lo tanto ella tiene más experiencia para saber mucho más de esos grandes amores de vida y de seguro ha aprendido a ser feliz sola.

- *Se la pasa brincando de hombre en hombre... O esa ha tenido más novios que gripe...*

  ¡¡¡Qué rico!!!, debería ponerse a escribir un libro y contarnos sus conclusiones de tan delicioso estudio de los primates, para aprender más de ellos, hasta en un *best-seller* se podría convertir, deje la envidia y criticadera.

- *Pobrecita... es madre soltera...*

  ¡¡¡Increíble!!! Si no tienes hijos te consideran una mujer incompleta y si los tienes entonces inspiras lástima porque te falta un marido... Siempre nos falta algo para encajar en esta sociedad.

- *Vamos a ver qué va hacer ahora que se quedó «sin su maridito», ahora va a saber lo que es bueno.*

  Esta me encanta, ya que la he vivido en carne propia, y sí, puedo decirles que se aprende a «saber lo que es bueno», pero también lo excelente, regular, divino, tedioso, rutinario, sublime, extraordinario, delicioso... Y rara vez queremos volver a tener otro «maridito» porque lo «que hacemos», no se puede hacer con uno de esos limitadores.

- *Pobrecita... El marido la dejó por una jovencita...*

  Pobrecito el ex marido cuando la vea totalmente renovada y feliz una vez que ella se recupere de su tristeza... Para entonces la jovencita tendrá cara de vieja resignada y la «pobrecita» parecerá quinceañera llena de vida.

- *Ya los movimientos de Shakira son una vulgaridad, ella es cantante no bailarina árabe...*

  ¡¡¡Envidiosas!!! Quisiéramos muchas movernos así con esa naturalidad sin hacer el menor esfuerzo... Luce súper sexy y muy sensual, yo cada vez que trato de imitarla me paro frente al espejo y créanme que parezco una culebra borracha, y de hacerlo delante de un hombre perdería los deseos y saldría corriendo a llamar a una ambulancia pensando que tengo un ataque de epilepsia.

Eso es precisamente lo que los hombres desean de una mujer, esos movimientos, a TODOS los excitan al máximo, de hecho dicen: «Yo con una mujer así me quedaría tranquilito y que ella se mueva como quiera», déjese entonces de envidias y de estar criticándola, inscriba a sus hijas en clases de danza árabe desde pequeñitas, y usted cómprese todos los videos de Shakira, y empiece a poner esas caras, practique esas miradas y pase años intentando esos movimientos para ver si algún día en alguna futura vida logra moverse de una forma tan espectacular.

- *Pobrecita, está amargada porque yo me quedé con su marido...*
Esta es un clásico de las mujeres súper pendejas que creen que se ganaron el premio de la lotería, amargadas están ellas buscando el gran premio, no se dan cuenta que cuando una mujer deja a un hombre es porque simplemente no quiere ya nada con él, le conocen todos sus cuentos y procedimientos de vida, saben exactamente por qué parte de la película están ellas, (ya que son repetitivos), elevándose como gaviotas felices, cogiendo altura

sin tomar las precauciones necesarias y tarde o temprano se estrellarán contra su amarga realidad.

- *Ella no supo ser una buena esposa para él, en cambio yo sí le estoy dando lo que quería y necesitaba.*

Típica mujer que pasa la vida jugando al personaje de la mujer perfecta orientándose por lo que ella cree que era la defectuosa esposa y está gastando energía para hacerle creer al bobo que ella sí es mejor que la otra, sea usted misma y deje de estar pensando que la otra era una bruja, analice cuánto tiempo pasó él con esa bruja, a ver si era tan bruja, no se a puesto a pensar que tal vez a el le gustaba ese tipo de bruja, o piense que si la bruja se lo quitó de encima fue por algo, ya que nadie suelta a una maravilla de hombre, y aprenda algo: por los general los hombres que son tratados como reyes siempre se buscan a otra, ya que les encanta el conflicto, el maltrato, las mujeres que los ignoran, las enrolladas, malcriadas, dependientes o las bobas y las que se hacen las brutas e inútiles, para ellos sentirse indispensables en sus vidas.

- *Pobrecita desde que se divorció se la pasa hablando del ex y su conflicto del divorcio...*

Sí, tal vez sea cierto, es parte del proceso, hay que darle tiempo al tiempo para lograr de nuevo el equilibrio emocional perdido por semejante trance, sea más amiga y escúchela para que ella pueda canalizar sus emociones, ya verá que con el tiempo, poco a poco, ella comenzará a lucir feliz y a hablar de otro personaje y usted comenzará a criticarla por promiscua, puta o desquiciada, las amistades por lo general pueden hablar y nombrar a ese ex de ella mil veces en cada encuentro, pero si a ella ya curada, se le ocurre nombrarlo entonces inmediatamente la tildan de amargada, repetitiva, aún enamorada, sin haberlo superado… Deje de ser tan crítica, que si alguien pasa los últimos 5 , 10, 20 ó 30 años con una pareja fija, es muy normal hablar de esa persona, ya que está totalmente relacionada con su historia personal y de seguro aún comparten muchas conversaciones porque de seguro hay hijos de por medio.

- *Las gringas son unas ordinarias se la pasan en chanclas hasta para ir al colegio...*
A todas las mujeres del planeta se les debe haber atorado la lengua mientras se la tragaron, ahora resulta que lo que está súper de moda es andar en chanclas, las hay de todos los mode-

los, colores y se usan para ir a todas partes... Así vamos por la vida en chanclas, mascando chicle y autodesvalorizándonos las unas contra las otras.

Comencemos por abrir más la mente para analizar las situaciones que nos rozan todos los días a nivel de pareja, la mayoría de los hombres se casan con mujeres fieles, con excelentes valores morales y familiares, alegres, trabajadoras, buenas madres, decentes, educadas ...las políticamente correctas que lucen perfectas para formar una bella familia pero, lamentablemente, en la mayoría de los casos sus hombres les hacen mucho daño, y las engañan cada año de convivencia y al final de varios años las «cambian» por ese otro tipo de mujer que jamás ha tenido todas esas virtudes que la esposa tenía y que difícilmente las tendrá; esas que jamás se han comportado decentemente como nos ha hecho creer esta sociedad de hipócritas, son las que se «pavonean» delante de la ex con cara de «yo soy mejor que tu» apoyadas por el pendejo al cual tú le dedicaste la mitad de tu vida ayudándolo a sembrar un porvenir para el futuro. Y muchas veces serán ellas, las recién llegadas, las que disfrutarán de la cosecha madura, mientras tú te tuviste que comer toda las verdes y las podridas.

Por eso le digo deje de vivir con tantas ataduras, frenos, prejuicios y moralidades, absurdas, porque no vale la pena y ese maravilloso marido u hombre jamás se lo agradecerá, de hecho he comprobado que cuando peor lo trate y más lo manipule más la querrá y se mantendrá a su lado como un perro faldero.

Los hombres han sido muy mal educados y los de hoy en día por lo general no quieren ningún tipo de compromiso, ataduras o responsabilidades, mucho menos «ser fieles», y constantemente nos salen con los mismos argumentos: Somos adultos, sabíamos lo que estábamos viviendo, desde el principio te hablé muy claro…bla…bla…bla.

Lo dicen tan tranquilos, convencidos que nosotras las mujeres tenemos un interruptor para no sentir dolor o desilusión al saber que solo quieren tener «buen sexo» sin derecho a ilusionarnos, enamorarnos, proyectarnos a su lado o amar profundamente para encender todos los fuegos posibles mientras dure; ellos desde el principio se lavan las manos y ponen las cartas sobre la mesa, idiotas nosotras que aceptamos semejantes argumentos, siempre con la estúpida idea que lograremos hacerlos cambiar de opinión, y enloquecerán por nosotras y nunca más podrán vivir sin nuestra presencia.

¿Entonces por qué no comenzar a darles de su propia medicina? Si un hombre quiere tener solo sexo tiene que tener la «madurez» de saber pagar por ello, ya que eso es lo que dan las putas y cobran por esto, y ellos lo pagan gustosos, es más, los excita más. Además sería muy desleal con las putas estropearles el negocio repartiendo sexo gratis mientras ellas tienen años trabajando en ese rubro, no nos hemos dado cuenta que nos hemos convertido en una comparsa de «putas gratuitas» para hombres cínicos y descarados, si lo que solo quieren es una relación donde solamente haya sexo sabrosito y sin compromiso, pues que empiecen a pagar por esto y así seremos todos bien maduros para saber canalizar nuestras vivencias.

Empecemos a sacar cuentas de cuánto nos cuesta estar tan bellas, apetitosas y deseables, comiendo lechuga como si fuéramos conejas; cuánto gastamos en peluquería, *manicure*, *pedicure*, másajes, ropa, zapatos, bisutería, perfumes, cremitas, carteras, maquillaje, gimnasio, dietas, pastillas, inyecciones, cirugías ... y pare usted de anotar.

Porque nos vamos a conformar con una cena, un botella de vino, varios tragos empanizados en trilladas mentiras y no van a pagar por ese «delicioso postre». Hoy en día cualquier mujer tiene dinero para pagarse sus tragos, cenas y caprichos, porque después de toda esa inversión que hacemos en nosotras mismas, vamos a estar también como pendejas teniendo detallitos, regalitos, frases dulces con ellos, consintiéndolos y complaciéndolos para que vengan luego y nos den unos pocos minutos de placer, creyéndose ellos que hicieron la gran hazaña de su vida, para dejarnos en la mayoría de los casos pensando: ¡¡¡Y eso era todo!!!

Y volver a pasar una semana, un mes, una eternidad para sentir el sonido del celular y volver al mismo cuento todas ilusionadas...

Aprenda a «valorarse» pregúntese qué tan buena es usted en la cama, póngase su precio, si él en verdad la desea pagará lo que usted le pida, de eso puede estar segura; ellos pagan por sus placeres (alcohol, carros, lanchas, apuestas, sexo ...todo lo que los motiva) cuanto más dura se le ponga, más rápido lo convencerá para verlo llegar con dinero en mano, a ellos los excita ese morbo de saber que usted estará disponible para ser su puta particular al pagarle, y si no le quiere pagar es porque no la desea lo suficiente y lo que quiere es usarla gratis o es un improductivo que no sabe hacer dinero ni para sus gustos básicos, en ese caso le aconsejo que se olvide de él, ya que lo que quiere es vivírsela, acuérdese que es y será «SOLO SEXO», como él se lo aclaró desde el principio; úselo como él la ha estado usando a usted y aprovéchese de los deseos que él siente por usted, coquetéele cada vez más y vuélvalo loco, déle celos con otro hombre, sea cínica, aprenda

a ser una buena puta, una puta de lujo bien lujuriosa, atorméntelo, verá cómo lo enloquece, eso
los excita al máximo y verá cómo tomará el control sobre él y cobrará siempre, y si está enamorada sola, como la mayoría de nosotras, no deje
de cobrar nunca y así podrá ahorrar para pagarle
al psicoanalista que usará después de unos meses
cuando la cambien «de nuevo» por otra.

Usted dirá: ¡¡¡Que horror!!! Si cobro me siento sucia, vejada… solo le digo que lo piense muy
en serio, y créame que vejada, humillada y deprimida se seguirá sintiendo de seguir cometiendo el
mismo error y seguir actuando igual que siempre
por estar ilusionándose con un hombre que desde
el principio le sale con los mismos cuentos de que
somos adultos y sinceros, mientras él en el camino
le monta a usted muy discretamente unos buenos
cuernos con otras hasta que usted lo descubra. Si
todas comenzamos a cobrar por los momentos que
ellos disfrutan, se les cerrará el parque de la diver-
sión gratuita que han venido gozando los «muy
maduros», solo así cambiaran de actitud con nosotras y nos respetarán más si realmente hay buena
química o vale la pena vivir un tiempo esa relación.

No tiene ni idea de la alegría que se siente estar
en la cola del Banco lista para depositar ese dinero que se ganó usted misma en escasos minutos,
ya que ellos no aguantan mucho, usted ganará en

una noche mucho más dinero que una semana de su trabajo, eso la hará sentir más segura de sí misma, alimentará su ego, ya que supo dar y recibir, a usted le brillarán los ojos pensando en todo lo que se podrá pagar o comprar, dinero en mano no causa depresión ni lagrimás, todo lo contrario, y cuando él vea, y sienta, que usted está feliz gastándoselo y no deprimida y ansiosa pensando en él, entonces le explotarán aquellas y andará detrás de usted cada tres día con dinero en mano y llenándola de regalitos, ojo, no deje que los regalitos extras anulen su tarifa, esa no se la perdone.

De usted dependerá ser una auténtica *Geisha* o buena cama para cobrar lo que usted vale y es capaz de dar.

También aprenda a tener varios clientes a la vez, ya que cuando uno de ellos le haga daño «de nuevo», usted tendrá con quien consolarse y seguir cobrando, ahorrando o gastándolo para recuperarse del dolor.

Empecemos a convencernos que somos seres humanos valiosísimás, más allá de lo que piensen las personas y de los argumentos egoístas de los hombres; deje de creer que usted perderá valor por tener experiencias personales o sexuales con varios hombres, todo lo contrario, eso será experiencia adquirida para mejorar, borre de su mente la estúpida idea de que si se acuesta en la primera cita él no la va a valorar, recuerde que ellos no valoran nada ni a nadie, además dónde está escrito eso que hay que esperar una semana, un mes, tres meses para que él la quiera más... ¡¡¡Por favor!!! Viva su momento y déjese fluir intensamente que nadie sabe lo que pasará mañana y usted se quedará el resto de su vida con las ganas autocastigándose por no haberlo hecho, deje de afectarse por el pensamiento y las habladurías de esos que de seguro son, en la mayoría de los casos, peores que usted; comience a escuchar ese silencio delicioso y envidioso de su entorno de amistades, escuche a su corazón y a su pensamiento, haga lo que crea conveniente para sí misma.

No viva esperando que los demás la valoren, valórese usted misma, usted sola sabrá qué tan valiosa es y aprenda de la simplicidad de los hombres, para que sea usted mucho más feliz. Ellos viven relajados y felices, convencidos que son los mejores, los más bellos, los que todo lo pueden, jamás se sienten sucios, cochinos o desvalorizados por sus experiencias sexuales, todo lo contrario, y lo que es mucho más importante: nunca han dejado de ser niños ni quieren dejar de serlo o actuar como tales, no tienen traumás ni frenos moralistas a la hora de complacerse sexualmente, usted podrá ser la mejor mujer, novia o esposa del mundo, y aún así ellos no se privarán, bajo ninguna circunstancia, de disfrutarse a otras mujeres. Ellos van por la vida como los niños, con sus maletines al trabajo como quien lleva su bulto al colegio, hacen su tarea, y lo reflejan en su vida profesional; los buenos o muy despiertos con caras de tontos sacaban buenas notas, ahora hacen mucho dinero; y los malos irresponsables pasan la vida llegando a la raya todos los meses, luego en el recreo se reúnen con sus amigos, se relajan, se inventan sus cuentos y sus mentiras, gozan al máximo de lo prohibido, son aventureros y arriesgados, después llegan a sus casas y encuentran todo listo, ropa, comida y ambiente familiar, porque están pagando por esos servicios, están pendientes de los mismos juegos de cuando eran niños, béisbol, fútbol...etc.... Se desenchufan del mundo y sus sentimientos personales, en ese momento usted ni existe, aun y cuando usted pase la vida súper concentrada como boba pensando en él; ven películas de tiros, destrucción, explosiones, juegan y disfrutan con los carros, se másturban muy tranquilos mientras se bañan, ya que hasta en la ducha juegan con su amiguito preferido y finalmente hacen lo que no les dejaron hacer de niños, «los varones no juegan con muñecas», así que pasan su vida adulta jugando con «**lo único**» que les prohibieron hacer y es entonces donde nosotras nos convertimos en ese juguetito delicioso de sus vidas, sus muñequitas; y nos visten y nos desvisten cada vez que quieren, sintiendo el mayor de los placeres.

Comience a copiar su conducta para que poco a poco se convenza que así de simple es vivir y ser feliz... Simplemente hágalo y disfrútelo.

10/12 ④ 5/12
10/14 ④ 5/12
1/19 ⑤ 12/15